Apprendre à faire silence

L'édition originale de cet ouvrage
a paru chez Vier-Türme Verlag,
Münsterschwarzach Abtei, sous le titre
DER ANSPRUCH DES SCHWEIGENS

Éditions Desclée de Brouwer
10, rue Mercœur - 75011 Paris
9, espace Méditerranée - 66000 Perpignan

www.editionsddb.fr

ISBN : 978-2-22007-590-7

Anselm Grün

Apprendre à faire silence

Traduit de l'allemand par Charles Chauvin

DESCLÉE DE BROUWER

Du même auteur

Aux prises avec le mal, Abbaye de Bellefontaine, 1990.

Prière et connaissance de soi, Médiaspaul, 1996.

Prière et rencontre, Médiaspaul, 1996.

Le jeûne, prier avec le corps et l'esprit, Médiaspaul, 1997.

La crise du milieu de la vie, Médiaspaul, 1998.

Petit traité de spiritualité au quotidien, Albin Michel, 1999.

Développer sa valeur personnelle, maîtriser son sentiment d'impuissance, Courrier du Livre, 1999.

Les rêves et la vie spirituelle, Médiaspaul, 1999.

Petite méditation sur les fêtes de Noël, Albin Michel, 1999.

Chemins de liberté, Médiaspaul, 2000.

La santé, un défi spirituel, Médiaspaul, 2000.

Chacun cherche son ange, Albin Michel, 2000.

Conquérir sa liberté intérieure, Éd. de l'Atelier, 2000.

Ce qui rend les hommes malades..., Desclée de Brouwer, 2001.

Des repères pour vivre, Médiaspaul, 2001.

Petit manuel de la guérison intérieure, Albin Michel, 2001.

De la mort surgit la vie, Médiaspaul, 2001.

Lectures psychanalytiques de la Bible, Médiaspaul, 2001.

Au cœur du tumulte de la vie quotidienne, bon nombre d'entre nous ressentent le besoin de se soustraire à l'agitation bruyante, pour trouver le silence. Une brassée de livres sur le sujet témoigne de cette aspiration commune à beaucoup. Le bruit est une menace contre la santé. Ainsi Kierkegaard les a aidé à redécouvrir le silence comme remède à leur stress. Ils rêvent des bienfaits du silence et en font la louange. Beaucoup en ont découvert l'effet thérapeutique en s'adonnant à la pratique de la méditation orientale, ce qui les amène à ériger le silence au-dessus de toutes les autres formes d'expression religieuse, voire bien au-dessus de la prière et de la liturgie.

Dans ce concert unanime de louanges sur le silence perceptible de nos jours, il manque un aspect, sans cesse souligné dans la tradition monastique : le silence comme tâche, comme exigence requise de notre part pour travailler sur nous-mêmes et pour nous transformer. Ce livre abordera donc les expériences de silence vécues par les moines de l'antiquité (du IIIe au VIe siècle).

Il vise à clarifier quelque peu le point de vue, souvent unilatéral, partagé par nos contemporains sur le silence, qu'ils font davantage découler de leur aspiration que de leur expérience. On relèvera avant tout que le silence est un défi spirituel, qui réclame l'engagement de tout l'homme. Pour les moines, le silence n'est pas une technique visant à la relaxation ou à la réflexion profonde, et encore moins une façon de se détendre. Tout au contraire, le silence est la pratique d'attitudes essentielles qui suscite en nous une exigence morale : nous défaire de nos errements, lutter contre notre égoïsme et nous ouvrir à Dieu.

Les moines n'étaient pas des fanatiques du silence. À vrai dire, le silence est toujours pour nous le signe que, dans cette quête, on cherche à projeter beaucoup trop de désirs inconscients. Les écrits monastiques sur le silence comportent des réflexions très concrètes. Jamais ils ne le présentent comme l'unique moyen de la voie spirituelle, mais ils le voient toujours dans le contexte de nombreuses méthodes pratiquées par les moines : la prière, la méditation, l'échange avec un père spirituel de leurs pensées les plus intimes, le travail, le jeûne, l'aumône, l'hospitalité et l'amour fraternel.

1 - Le silence, une lutte contre le péché et le vice

Les moines pratiquent le silence pour conquérir la pureté du cœur, la sérénité intérieure et l'honnêteté. Il sert d'abord à éviter les nombreux péchés que nous commettons chaque jour avec la langue. Dans sa Règle, saint Benoît justifie le silence par la phrase tirée du livre des Proverbes: «Abondance de paroles ne va pas sans offense» (Pr 10,19 ; RB[1], 6). Cela semble une justification très négative. On n'y trouve aucune appréciation positive du silence. On se taira seulement, parce que sinon on pécherait constamment. Manifestement, les moines ont fait des expériences négatives avec la parole. Dès qu'on ouvre la bouche, on court le risque de pécher. Dans un apophtegme, on peut lire :

> *Un jour, l'abbé Sisoes dit en toute confiance: «Cela fait trente ans que je ne prie plus Dieu pour éviter tout péché, mais je lui adresse pourtant cette demande: Seigneur Jésus, protège-moi de ma langue – et malgré tout, je*

1. RB, abréviation pour *Règle de saint Benoît.*

continue de tomber chaque jour et je succombe » (Apo[2] 808).

DANGERS DES PAROLES

D'après l'expérience des moines, il y a avant tout quatre dangers dans la parole :

Le premier danger est la curiosité :

> *Un abbé avait l'habitude de dire : Un moine ne doit jamais chercher à savoir comment est tel ou tel ; de telles recherches l'éloignent de la prière : elles peuvent conduire à porter atteinte à l'honneur et à des bavardages. Aussi est-il préférable de se taire (Apo 996).*

La curiosité conduit à la distraction. Celui qui est distrait se soucie de toutes sortes de choses possibles. Il est épuisé, vidé et superficiel. La pensée de Dieu ne peut tenir en lui. Rien ne peut mûrir en lui. C'est ce que décrit sans détour un apophtegme :

> *Des frères de Scité rendirent visite à l'abbé Antoine. Ils prirent un bateau, pour aller jusqu'à lui. Là, ils rencontrèrent un vieillard qui désirait lui aussi s'y rendre, mais les frères ne le connaissaient pas. Une fois sur le bateau, ils se mirent à parler des maximes des Pères, des paroles de l'Écriture et également de leur travail manuel.*

2. Apo, abréviation utilisée pour apophtegme.

Le vieillard se taisait. Une fois arrivé sur terre, il manifesta son intention d'aller lui aussi rendre visite à l'abbé Antoine. Lorsqu'ils arrivèrent auprès de l'abbé Antoine, celui-ci leur dit : « Dans ce personnage, quel bon accompagnateur vous avez trouvé ! » Et il dit au vieillard : « Quelles excellentes gens as-tu avec toi ! » Le vieillard répliqua : « Ils sont sans doute de braves gens ! Mais leur ferme n'a aucune porte : chacun peut aller et venir dans l'écurie détacher l'âne ! » Il dit cela, parce que ceux-ci disaient tout ce qui leur passait par la tête ! (Apo 18).

Quand quelqu'un ne sait rien garder pour soi, mais qu'il éprouve le besoin de tout divulguer, le bien comme le mal, il donne l'impression de manquer de profondeur. Il ignore les secrets. Il n'est pas en mesure de vivre avec des secrets : il ne peut les garder. Il ne peut pas non plus pénétrer un secret. En s'empressant d'en parler, il le ruine. Finalement, ce bavardage incessant traduit une peur du mystère, voire peut-être une peur de Dieu. Par le discours on veut tout nommer, tout rendre transparent et communicable et l'on cherche donc à tout maîtriser. Ce qui fait l'objet de mon discours, je l'ai en mon pouvoir. Je l'impose à un autre et donc cela ne peut m'ébranler.

Le second danger est le jugement d'autrui.

À observer avec précision nos entretiens, on constate qu'une grande partie porte sur autrui. Nous nous étendons en permanence sur les autres.

Ils sont tellement intéressants. Ils ne cessent de nous fournir matière à conversation. Même si nous désirons parler en bien d'autrui, on se surprend pourtant à les juger, à les classer et précisément à se comparer à eux. Il est fréquent que le discours sur autrui soit un discours sur soi-même, sans que l'on en soit bien conscient. On parle des choses qu'on aimerait bien avoir ou des choses qui nous irritent, ou qui nous inquiètent et nous défient. De fait, quand je parle des autres, je ne suis pas vraiment conscient que je parle de moi et de mes problèmes. Et le plus souvent, cela ne m'amène pas à mieux me connaître moi-même, mais au contraire à refuser de jeter sur moi un regard objectif. En parlant d'autrui, on esquive sa réalité propre. Et il est aisé de constater que chacun se trahit en permanence. Pour un auditeur attentif, notre discours trahit notre comportement, notre pensée, nos préoccupations et la façon dont nous réglons nos problèmes. Notre langue trahit auprès d'autrui nos émotions et nos aspirations, nos projets et nos motivations, nos questions et nos complexes.

Le troisième danger est, selon les moines, la vanité.

Beaucoup parler, c'est souvent se mettre au centre. On ne cesse de parler beaucoup de soi et l'on se place à un bon endroit, pour que l'on puisse nous regarder sous un angle qui nous soit favorable. Climaque s'exprime ainsi :

Le bavardage est le trône de la vaine vantardise, que l'on érige en juge sur soi-même et d'où l'on peut claironner à travers le monde entier[3].

Parler, c'est attirer l'attention. Qui parle, attend qu'on l'écoute et qu'on le considère. Très souvent, il attend qu'on le reconnaisse ou même qu'on l'admire. Sans que l'on s'en rende compte, on tourne ses mots, de façon à pouvoir susciter la reconnaissance. Ainsi donc le discours sert souvent à la satisfaction de notre vanité.

Le quatrième danger est la négligence de la vigilance intérieure.

En bavardant on se dérobe à la vigilance sur soi-même. Un apophtegme le dit bien :

L'abbé Diadochos disait : « De même que les portes constamment ouvertes de la salle de bain laissent passer la chaleur de l'intérieur à l'extérieur, celui qui parle beaucoup, même s'il est bon, laisse échapper ses souvenirs par la porte de sa voix » (II, 12).

En parlant de souvenir *(mnèmè)*, Diadochos vise l'attention à soi, l'attachement à Dieu, le souvenir de Dieu. En parlant, je ne cesse de m'extérioriser et de sortir de moi ; je franchis les limites que je m'étais imposées, en vue de mettre de l'ordre

3. Jean CLIMAQUE, *L'échelle du paradis*, traduit par Placide DESEILLE, éd. Textes monastiques, 1978.

dans mes sentiments et mes pensées. Le prêtre et psychologue néerlandais H. Nouwen a fait cette expérience au cours d'un séjour de sept mois dans un monastère de trappistes :

Voici ce qu'il écrit :

> *Se taire. En fait, le silence est très important pour moi. Durant la dernière semaine, lors de cette visite à New Haven, où eurent lieu de nombreuses discussions et des échanges, où j'ai cru devoir passer de nombreuses communications téléphoniques, apparemment indispensables et où j'ai conduit toute une série d'entretiens avec les moines, le silence présida de moins en moins à ma vie. Avec la disparition du silence se développa une sorte de sentiment de souillure intérieure. Au début, j'ignorais pourquoi je me sentais en quelque manière comme souillé, sale et impur, mais avec le temps j'ai commencé à comprendre que c'était à cause du manque de silence. J'ai alors pris conscience qu'avec les mots pénétraient en moi des sentiments ambigus. C'est qu'il semble qu'il est presque impossible de parler sans pécher. Dans les débats les plus valables, s'infiltre quelque chose qui semble souiller l'atmosphère. D'une façon inexplicable, le discours atténue ma capacité à demeurer vigilant et disponible, ce qui me rendait égocentrique. Après ma dernière discussion avec les étudiants de New Haven, le dernier dimanche, je ne me sentais pas seulement fatigué et exténué,*

mais j'étais comme si j'avais effleuré quelque chose que je n'aurais pas dû effleurer; comme si j'avais défiguré quelque chose, en parlant; comme si j'avais tenté de capter furtivement une goutte de rosée. Ensuite, je fus profondément troublé et je ne pus trouver le sommeil.
Saint Benoît parle très clairement de l'importance du silence. Il pense qu'il vaut mieux se taire sur les bonnes choses que d'en parler. Il semble qu'il veuille dire par là qu'il est pratiquement impossible de parler de bonnes choses sans entrer aussi en contact avec de mauvaises, tout comme il est impossible de manger de la viande sans qu'au préalable on ait dû tuer un être vivant[4] *!*

Benoît cherche à nous rendre attentifs au fait que le mal s'entremêle à tous nos discours. Cette réalité ne doit pourtant pas nous faire sombrer dans la culpabilité. Car sinon nous ne devrions plus rien dire, pour éviter tout péché. Mais pour Benoît, il s'agit non pas de la pureté morale, mais de la nécessité d'éviter toute illusion sur nous : nous ne devons pas croire qu'en cherchant à tendre vers notre idéal, nous soyons déjà presque parfaits. Le fait que nous fassions l'expérience que dans toutes nos conversations nous ne cessons de pécher, ne doit pas nous accabler. Nous ne devons pas nous

4. H.J. NOUWEN, *Ich horte auf die Stille* (À l'écoute du silence), Fribourg-en-Brisgau, 3e édition, 1979.

harceler en nous donnant mauvaise conscience : sinon nous deviendrions des scrupuleux. Nous devons plutôt associer cette expérience à la certitude que nous sommes acceptés par Dieu, tels que nous sommes. En ce sens, Benoît demande à ses moines de ne jamais désespérer de la miséricorde de Dieu (RB, 4 90). Il y faut pour cela beaucoup d'humour, lequel s'enracine précisément dans la certitude que Dieu nous accepte et nous aime. Cette expérience de notre faiblesse ne nous conduit pas à une peur de scrupuleux, mais à un sentiment de liberté intérieure. L'image idéale que je porte en moi au plus profond de mon cœur et à laquelle je suis obstinément attaché, ne cessera de s'effriter ; je n'ai plus à la porter partout avec moi ; il me faudra me regarder d'un regard neuf, tel que je suis. Voilà qui me délivrera de moi-même. Je n'ai pas à m'identifier à mon image idéale : je dois être tel que je suis, parce que Dieu m'aime ainsi. L'expérience que je fais du danger que je cours dans mon bavardage est aussi celle que je puis faire de l'amour et du pardon de Dieu, qui me protège et qui m'aime.

LE SILENCE, VOIE DE LA DÉCOUVERTE DE SOI

Benoît invite les moines à faire silence, afin de moins pécher. Quand pourtant on examine plus attentivement les écrits monastiques, on découvre des fonctions plus positives attribuées au silence.

Le silence est une voie par laquelle les moines se découvrent eux-mêmes. Nous nous surprenons souvent en train de nous fuir nous-mêmes et nous n'aimons pas être seuls. Et quand nous sommes seuls, nous avons besoin de nous occuper. Ernesto Cardenal, alors qu'il était novice chez les trappistes, disciple de Thomas Merton, rapporte cette expérience :

> *L'homme moderne a de la peine à être seul. Atteindre le fondement de son propre moi lui est presque impossible. Mais s'il lui faut se trouver seul face à face avec lui-même dans une chambre silencieuse et qu'il soit juste en passe de connaître Dieu, il allume son poste de radio ou de télévision*[5].

La radio et la télévision nous offrent la possibilité de nous évader. D'autres ne supportent pas de rester sans rien faire, de se tenir là tout simplement et de faire silence. Cela les rend nerveux. Il leur faut une quelconque occupation. Ils effectuent des rangements dans leur chambre ou ils font des projets.

Se taire ne signifie pas simplement ne rien dire, mais c'est écarter toute possibilité d'évasion, afin de me supporter tel que je suis. Je ne me contente pas de renoncer seulement au discours, mais aussi à toutes les occupations qui me détournent de moi-même. Dans le silence, je me force à être totalement présent à moi-même. Qui s'y emploie

---

5. E. CARDENAL, *Das Buch der Liebe,* Hambourg, 5e édition, 1976, p. 26.

découvre d'abord que ce n'est pas agréable. Se manifestent en effet toutes sortes de pensées et de sentiments, d'émotions et d'impressions, de peurs et désagréments. Des désirs et des aspirations refoulées se font jour ; des colères contenues se révèlent, des chances qu'on a laissées passer, des paroles omises ou maladroites se rappellent à vous. Fréquemment, les premiers instants du silence nous dévoilent un désordre intérieur, c'est la confusion de nos pensées et de nos désirs. Il est douloureux de supporter cette situation. Nous nous heurtons aux tensions internes, qui sont pour nous source d'angoisse. Certes, le silence ne suffit pas à éliminer de telles tensions. En nous taisant, nous faisons la découverte de ce qui se passe en nous. Le silence est comme un catalyseur de notre état ; nous n'avons pas d'illusion : nous voyons la réalité.

Pour beaucoup, cette expérience est si pénible, voire si accablante et si angoissante, qu'ils ne peuvent pas la supporter longtemps. Il leur faut en parler ; ils sont obligés d'évoquer leurs problèmes avec d'autres. Cela les aide à régler leurs tensions. Il est vrai que l'échange peut permettre une clarification de notre désordre intérieur. Les anciens moines connaissaient la pratique de l'échange avec un moine expérimenté, pour s'ouvrir à lui de leurs pensées. C'était même une obligation pour un moine de confier ses pensées à un confrère, mais à un seul d'entre eux. Il lui était défendu d'aller colporter ses problèmes auprès de plusieurs, il devait se laisser conseiller par un seul. Qui s'y refuse passe pour être prétentieux. Qui se contente de se taire, pensant qu'il peut s'en sortir seul, n'est pas considéré comme un vrai moine. Car il appartient à l'état du moine de savoir faire preuve de disponibilité, pour dévoiler sa vie intérieure à un confrère plus âgé.

De nos jours, nous comprenons fort bien la portée bénéfique de l'expression orale. Précisément parce que bon nombre de personnes sont inaptes à une communication authentique, il nous faut réapprendre à nous exprimer, pour découvrir à quel point cela nous libère de nos tensions internes. C'est un problème pour beaucoup que l'incapacité à pouvoir parler de ce qui les a blessés au plus profond d'eux-mêmes. Ils absorbent tout en eux-mêmes, se laissant ronger par la colère, la souffrance et la désillusion et en conçoivent une amertume interne, ce qui peut leur provoquer des ulcères d'estomac. Il serait de grande importance pour eux d'apprendre à parler d'eux-mêmes et de leurs blessures.

Pourtant, à côté de l'expression de leurs pensées et de leurs sentiments, le silence est connu par les moines comme remède. Cela nous paraît étrange, car nous assimilons très souvent le silence à ce que nous réprimons et à ce que nous refoulons. Mais il peut être également très utile de commencer par garder le silence, au lieu d'en parler immédiatement. On peut même caricaturer des phénomènes et des processus intérieurs. Pour certains, c'est presque un besoin maladif de s'étendre perpétuellement sur leur vie intime et de s'entretenir de leurs problèmes, en les exposant à tout un chacun. Or, pour les moines, le silence a une valeur thérapeutique. Il doit nous aider à prendre du champ vis-à-vis de l'excitation et de la colère et à se connaître soi-même, en évitant de se précipiter auprès d'autrui pour s'en décharger, au lieu de commencer par se retenir, pour en faire une analyse. Avant de réagir avec colère auprès d'autrui, on doit commencer par se taire pour chercher à découvrir le motif de sa colère. Il faut se mettre d'abord à réfléchir, pour savoir si le motif de notre irritation est réellement motivé par le comportement d'autrui ou par le nôtre propre, si notre réaction n'est pas disproportionnée à la parole jugée blessante d'autrui. Et il nous faut nous demander à quel point notre colère ne découle pas de l'hypertrophie du moi. John Eudes, l'abbé du monastère des trappistes où H. Nouwen passa sept mois, dit à son hôte, qui se trouvait incapable de maîtriser sa colère :

> *La colère nous découvre à quel point nous sommes attachés à ce que nous pensons et ce que nous sentons de nous-mêmes et quelle importance nous attribuons à nos propres idées et à nos propres conceptions. Si Dieu devient le centre de ta vie et si tu parviens à te présenter devant lui avec toutes tes faiblesses, tu pourrais vraisemblablement prendre de nouveau quelque distance, pour laisser s'apaiser ton irritation et te remettre à prier*[6].

6. H.J. Nouwen, *op. cit.*

Le silence peut en effet nous aider à prendre de la distance par rapport à la colère et au mécontentement.

Saint Benoît applique le silence comme remède à des frères qui ont été sanctionnés et exclus de la communauté. Qui a failli doit être confié au silence. Nul ne doit lui adresser la parole :

> *Quant à celui qui est impliqué dans un grave manquement, on l'exclura de la table et en même temps de l'oratoire. Aucun des frères n'aura de rapport avec lui et ne lui parlera. Qu'il soit laissé seul à l'ouvrage qui lui aura été enjoint : il persévérera dans le deuil de la pénitence (RB 25).*

On le voit, le silence est tout à la fois sanction et remède. Le silence donnera au frère qui a chuté la possibilité d'entrer en lui-même, de s'attrister et de regretter sa faute. C'est dans le silence que la guérison pourra s'effectuer. S'il venait à parler, il aurait trop aisément tendance à justifier son manquement ou à quémander la pitié. Le silence assure la distance envers soi-même. Dans les premiers instants, on a tendance à toujours rechercher la faute chez autrui et à se sentir traité injustement. Il faut d'abord un temps de silence, pour de nouveau se voir soi-même d'une façon plus évidente.

Le silence a encore d'autres fonctions thérapeutiques. Il peut mettre de l'ordre dans le désordre intérieur de nos émotions et de nos agressions.

Un frère me dit: L'abbé Poimène m'a dit: « Vous êtes une cruche vide. Si quelqu'un la remplit de serpents, de lézards et de scorpions et s'il laisse la cruche ainsi remplie à ras bord, est-ce que tous les reptiles ne vont pas mourir ? Et si vous ouvrez la cruche, tous ces êtres animés ne vont-ils pas sortir en rampant et se mettre à mordre les hommes ? Il en va exactement de même pour vous. Si quelqu'un surveille sa langue et ferme sa bouche, toutes les bêtes resteront dans le fond de la cruche. Mais s'il laisse aller sa bouche et parle, toutes les bêtes sortiront pour mordre le frère, ce qui irritera le Seigneur contre lui[7]. »

En parlant, toutes les émotions que nous n'avons pas encore assumées reviendront à la surface. Elles se font jour, car elles n'ont pas fait l'objet d'une élaboration et ne sont pas encore maîtrisées. Le silence ne réprime pas les émotions et les agressions, mais il les refrène et y met bon ordre. Le discours ne cesse de provoquer un tourbillon dans les émotions, tandis que le silence peut les apaiser. C'est la même chose pour le vin. Si on l'agite, il devient trouble ; si on le laisse reposer, le vin se clarifie. Un poème chinois décrit cette possibilité que possède le silence de clarifier notre cœur. Voici comment Erhardt le traduit :

7. *Les sentences des pères du désert, nouveau recueil,* par L. REGNAULT, Solesmes, 2e éd., 1977, Eth Coll 13 84.

Qui est en mesure de clarifier par le silence ce qui est trouble ? Qui peut donc faire preuve de tant de silence nécessaire, pour clarifier ce qui est impénétrable ? C'est bien le silence qui offre cette possibilité, c'est lui qui clarifie l'eau trouble[8].

Une irritation interne, qui s'extériorise, s'en trouve raffermie. Il est fréquent qu'un énervement contre autrui se renforce quand il se manifeste extérieurement. Le silence peut nous offrir le moyen de commencer à l'élaborer. Le silence ne signifie pas que l'on puisse échapper à toute émotion. Par-là, on tente d'apaiser ses émotions. Et ce n'est pas aisé. Les moines, quant à eux, appliquent des remèdes radicaux. L'abbé Agathon rapporte ce qui suit :

Trois années il porta une pierre dans la bouche, jusqu'à ce qu'il puisse régler son problème de silence (Apo 97).

Le silence extérieur peut aider à apaiser les émotions intérieures. Précisément quand on ne parvient pas à s'entendre avec quelqu'un et qu'il ne cesse de nous agacer, l'interdiction d'en parler peut nous aider à modifier notre opinion à son égard. En ce cas, le silence est une discipline, qui vise à créer une attitude intérieure. Cela ne va pas de soi. Mais cette discipline extérieure peut nous aider à modifier quelque chose dans notre cœur.

---

8. E. Kastner, *Der Aufstand der Dinge*, Francfort, 1973, p. 30.

Il ne s'agit pas de vouloir purement et simplement ravaler sa colère. Cela ne ferait que provoquer des ulcères d'estomac. Il s'agit de l'assumer. Le silence peut pourtant être un poison. Si quelqu'un pense qu'il n'a pas besoin d'autrui et qu'il pourrait tout régler par lui-même, le silence ne guérit pas, il isole. Dédaignant de confier à autrui ses problèmes, il veut se contraindre à les régler lui-même. Mais la plupart du temps, ce ne sont que de fausses solutions. Les moines s'en remettent à la *discretio,* pour discerner l'éventuelle nécessité du silence ou celle de la communication. Il peut se faire qu'il soit même indispensable d'attirer l'attention d'autrui sur son comportement irritant. Le silence serait en ce cas un pieux prétexte, pour esquiver le dialogue avec autrui. Mais quand je ne manifeste pas immédiatement ma colère vis-à-vis d'autrui et que je commence par faire silence, je suis alors à même de reconnaître s'il est utile d'en parler à autrui et de quelle façon je dois m'y prendre. Un silence intermédiaire atténue ce qu'il y a d'exagéré dans ma colère et m'éclaire sur le fait de savoir si elle s'enracine davantage en moi, dans mon mécontentement et ma susceptibilité, que dans le comportement d'autrui. Après un temps de silence, j'adopterai une réaction plus mesurée. La première humeur de l'agression est dépassée et je suis en mesure d'amorcer avec autrui un dialogue plus objectif et moins émotionnel. Alors, le dialogue peut être pour moi comme pour autrui plus fécond.

Les moines s'imposent toujours le silence

quand on voit quelqu'un d'autre commettre un manquement et qu'on est enclin à le condamner. Du fait que la condamnation d'autrui rend aveugle sur ses propres fautes, le silence s'impose. C'est en faisant silence que l'on peut découvrir dans la faute d'autrui sa propre faute. De nombreux apophtegmes tournent autour de la question de savoir comment il faut me comporter à l'égard d'un frère pris en faute :

L'abbé Poimène dit: «Il est écrit: Ce que tes yeux ont vu, témoignes-en!» (Pr 25,7). Mais moi je vous dis: «Même si cela est manifeste, n'en parlez pas!» Un frère s'est fait moquer de lui dans cette affaire: il avait vu un frère pécher avec une femme. Profondément atteint, il s'en alla les piétiner du pied, croyant que c'était eux, en leur disant: «Arrêtez donc! Ce n'est pas bientôt fini!» Or c'étaient des gerbes de blé! Aussi je vous dis: «Même si pouviez le prouver, ne jugez pas!» (Apo 688).

Même si l'on pense connaître exactement la faute de son frère et que l'on puisse en faire la preuve, il ne faut pas juger. Ce faisant, on ne rendrait pas service à son frère, car il est trop facile d'être victime d'une illusion et d'être abusé par la projection de ses propres fautes. Si nous faisons silence, nous échappons au risque de se tromper par ses propres projections.

Pour les moines, se taire, c'est essentiellement renoncer à juger. Cela se rapporte non seulement à des paroles proférées, mais à un discours intérieur.

Poimène dit encore : « Voilà un homme qui paraît se taire, mais son cœur condamne autrui. En réalité, il parle de façon ininterrompue. Un autre qui parle du grand matin au soir, garde en fait le silence, c'est-à-dire qu'il ne dit rien d'inutile » (Apo 601).

Nous sommes constamment occupés à nous comparer à autrui. Et afin que la comparaison nous soit favorable, nous le dénigrons. Nous relevons dans son action des motivations erronées et des intentions égoïstes. Sans que nous en soyons conscients, nous sommes toujours en train de juger les personnes que nous rencontrons. Notre faculté de jugement est sans cesse en action. Si nous renoncions à classer autrui, à le juger ou à le condamner, nous pourrions connaître la paix intérieure.

Quand Agathon voyait quelque chose et que son cœur cherchait à juger de telle affaire, il se disait à lui-même : « Agathon, ne fais pas cela ! » Et sa pensée s'apaisait (Apo 100).

Le jugement porté sur autrui non seulement nous perturbe intérieurement, mais il nous rend aveugles sur nos propres fautes. Le silence dans le regard sur autrui permet une plus grande connaissance de soi et nous fait percevoir le mécanisme de la projection, par laquelle nous transférons sur les autres nos propres fautes, ce qui nous rend inaptes à les découvrir en nous. L'apophtegme qui suit décrit cela de façon concrète :

> *À Scétis, eut lieu une réunion provoquée par la chute d'un frère. Les moines parlaient, seul l'abbé Pior se taisait. Alors il se leva et alla prendre un sac qu'il remplit de sable et qu'il mit sur son épaule. Dans un petit panier, il portait devant lui quelques grains de sable. Les autres moines lui demandèrent ce que cela signifiait et il leur répondit : « Ce sac rempli d'une grande quantité de sable, ce sont mes péchés et ils sont nombreux. Et je les ai mis derrière moi, afin de ne plus m'en soucier, je me suis contenté de pleurer. Et voilà : les quelques fautes de mon frère, je les place en avant de moi, je fais de nombreux discours sur elles, en vue de les condamner. Ce n'est pas bien de procéder de la sorte. Au contraire, je devrais porter les miennes en avant de moi, pour y réfléchir, demandant à Dieu de me pardonner. » Alors les moines se levèrent et déclarèrent : « Vraiment, tel est le chemin du salut ! » (Apo 779).*

Dans une telle projection nos yeux se contentent de regarder les fautes d'autrui ; les nôtres sont derrière nous et donc invisibles. Dans le silence, nos propres péchés sont devant nos yeux et nous envisageons notre propre situation :

L'abbé Paphnuce disait: «J'étais en voyage et à cause du brouillard, il se fit que je me suis perdu et que je me suis trouvé proche d'un village ; alors je vis que quelques personnes se conduisaient entre elles de façon honteuse. Je m'arrêtai et je me mis à prier pour le pardon de mes péchés. Et voilà qu'un ange se présenta avec le glaive dans la main et il me dit: «Paph- nuce, tous ceux qui condamnent leurs frères périront par ce glaive. Mais toi, tu n'as pas jugé, tu t'es humilié devant la face de Dieu, comme si tu avais toi-même commis ces péchés. Aussi ton nom est-il inscrit dans le livre des vivants»» (Apo 786).

Le péché d'autrui est l'occasion de se souvenir du sien propre. En renonçant à juger et en gardant le silence, je deviens capable de me reconnaître moi-même coupable. C'est ainsi que le conseille un moine :

Si tu vois quelqu'un pécher, prie le Seigneur et dis-lui :
« Pardonne-moi, car j'ai péché[9] ! ».

Dans le silence, nous ne portons pas notre regard sur les autres, mais sur nous, ce qui nous permet de nous confronter à ce que nous découvrons en nous-mêmes. C'est parce que nous ignorons les présupposés de l'action d'autrui, que nous nous

9. Cf. *Les sentences des pères du désert*, op. cit., 13, 40.

interdisons tout jugement sur lui et nous pouvons alors procéder à l'interprétation de notre propre attitude. La faute d'autrui devient pour nous le miroir dans lequel nous pouvons plus clairement prendre connaissance de la nôtre.

Le silence devant les fautes d'autrui comporte encore une autre fonction. Il nous aidera à guérir autrui. Voici ce que raconte l'abbé Macaire :

> *On dit de l'abbé Macaire le Grand qu'il était, selon la parole de l'Écriture, un Dieu sur la terre (Ps 82,6) ; car comme Dieu entoure le monde de sa protection, l'abbé Macaire protégeait les faibles qu'il voyait, comme s'il ne les voyait pas, et ce qu'il entendait était comme s'il ne l'entendait pas (Apo 485).*

La dénonciation de ses fautes peut décourager autrui, le silence gardé le guérit. Le silence est alors l'expression de l'amour dont on l'entoure : on ne se hausse pas au-dessus de lui, mais on est conscient de sa propre faiblesse, parce qu'on s'est découvert dans le silence tel qu'on est.

LE SILENCE, TRIOMPHE SUR LES VICES

Il suffit de nous observer une bonne fois, quand nous ne sommes pas occupés et que notre attention n'est pas retenue par le travail, la lecture ou toute autre activité. À quoi pensons-nous ? Quelles sont les pensées qui surgissent en nous, quand nous

nous promenons ou quand nous attendons chez le dentiste ou à la gare ? Qu'est-ce qui nous passe par la tête avant de nous endormir ? Ces pensées qui nous viennent spontanément à l'esprit nous dévoilent notre état intérieur. Les moines avaient recours à ces pensées pour examiner si l'un des huit vices les concernait : goinfrerie, luxure, cupidité, tristesse, colère, *acédie,* vanité ou fierté. Nous pouvons en faire l'expérience : nous constaterons, quand nous faisons silence, le nombre de fois où nous pensons à manger, ou le nombre de fois où nous désirons posséder quelque chose, où nous rêvons à des choses qui nous semblent désirables, une voiture, un disque ou un pull-over. Des désirs sexuels peuvent aussi nous habiter. Ou nous nous laissons aller à des pensées de colère ou de tristesse. De nos jours, il est de bon ton de se dire frustré et de se laisser absorber par des sentiments de frustration, au point que tout un chacun peut les lire sur notre visage. Les anciens moines diraient que celui-là est déjà possédé par le vice de la tristesse. Ou bien, que parfois nous nous emportons intérieurement contre autrui. Dans notre silence, nous inventons de brillants discours, destinés à montrer aux autres que nous sommes dans notre droit et que nous leur sommes supérieurs. Ensuite, dans notre silence, nous savourons notre colère et nous l'entretenons par une argumentation et des invectives que nous poursuivons en nous-mêmes. D'autres se lamentent sur leur sort, en se disant en ces moments de calme intérieur, que rien n'a de sens et que tout est insensé, bref qu'il est inutile de s'engager. Tel serait le vice de *l'acedia.* Il y a des personnes qui dans leur silence se représentent la prochaine séance qui aura lieu sur la scène du théâtre de leur vie. Ils la répètent pour les spectateurs, devant qui ils désirent jouer leur rôle, pour être applaudis. Dans leur silence, ils imaginent des reparties qu'on pourrait admirer, afin d'attirer l'attention sur eux. Ou bien ils s'admirent eux-mêmes. Ils ne cessent de se dire combien ils sont importants et comme le monde devrait se réjouir qu'ils existent avec leurs qualités, leurs aptitudes et leurs talents. Leurs pensées gravitent uniquement autour d'eux-mêmes, de leur importance et de leur originalité. On a beau se taire extérieurement, mais à l'intérieur de nous-mêmes, on ne cesse de parler. En nous, parlent les pulsions inassouvies, les aspirations insatisfaites ; en nous, parlent les émotions et les impressions, en nous parlent la vanité et la vantardise. Le silence extérieur ne veut rien dire de notre capacité à faire silence à l'intérieur de nous-mêmes.

Or c'est ce silence intérieur que les moines recherchent finalement. Et l'on ne peut y parvenir que si l'on a pu surmonter les assauts de ces huit vices. Aussi le silence est-il une pratique pour lutter contre les vices : c'est une lutte contre les fautes intimes, contre les aspirations et les désirs exagérés, contre le désordre provoqué par les émotions non maîtrisées et contre la frénésie de vouloir toujours se placer au centre. Le silence est donc bien un moyen de combattre nos errements intimes. Ce n'est pas un renoncement passif à parler, mais c'est une démarche active qui vise à contrer les émotions que nous ressentons. Un apophtegme nous montre de quelle manière nous pouvons surmonter le vice de la cupidité :

> *De lui (Agathon) et de l'abbé Amun on racontait ceci : Quand ils vendaient des marchandises, ils en indiquaient le prix et emportaient ce qu'on leur en donnait, en silence et dans le calme. De même, quand ils allaient acheter quelque chose, ils donnaient ce qu'on leur en demandait et gardaient le silence : ils emportaient la marchandise, sans mot dire (Apo 98).*

On ne dit pas que les moines étaient dépourvus de cette tendance typiquement orientale, de discuter et de marchander. Mais précisément parce qu'ils connaissaient cette propension, ils s'imposaient ce silence. Le silence ne refoule pas la cupidité, mais il la réprime et évite qu'elle se manifeste. C'est par le silence que les moines luttaient contre la cupidité et qu'ils la réprouvaient.

Il en va de même des émotions qui nous agitent sans relâche, justement quand d'autres nous traitent de façon injuste. Le silence nous aide à nous en libérer. On rapporte cette histoire de l'abbé Moïse, un ancien brigand, sans cesse exposé à des insultes à cause de la couleur noire de sa peau :

Une autre fois, il y eut une nouvelle assemblée à Scétis; les pères voulaient le mettre à l'épreuve en le traitant comme un moins que rien. Ils lui disaient: «Pourquoi donc cet Éthiopien vient-il au milieu de nous?» Il écoutait sans rien dire. Après que la séance fut levée, on vint lui demander: «Abbé, ne t'es-tu pas énervé?». Il répondit: «Bien sûr que si; j'étais troublé et je ne pouvais parler» (Ps 76,5) (Apo 497).

Il n'est donc pas suffisant d'éviter de s'énerver, mais en gardant le silence, il faut combattre son agacement. Il échappe au risque de provoquer une terrible confusion en s'adonnant à un discours non contrôlé. Ce silence n'est pas une attitude par laquelle on se laisse miner de l'intérieur, qui par la suite peut conduire à des explosions néfastes d'agressions contenues, mais c'est le moyen de traiter l'énervement intérieur, pour s'en libérer. Le silence n'est fécond que s'il nous permet de parvenir au silence intérieur. Sinon, il ne sera qu'une façade de surface, le silence du personnage altier, qui passe pour meilleur aux yeux d'autrui ou le silence de celui qui est blessé et qui savoure en se taisant sa susceptibilité froissée. Dans le silence, tel que l'entendent les moines, il s'agit d'une lutte intérieure, d'une confrontation sincère avec ses propres erreurs de conduite.

Le silence est une lutte contre nos vices, et c'est aussi le signe que nous en avons triomphé. Seul celui qui a maîtrisé ses mauvais comportements intérieurs et qui sait de quelle façon traiter ses émotions et ses agressions, peut pratiquer le silence intérieur. Il est alors libéré de toutes les pensées qui lui passent par la tête, quand on cesse d'être occupé : à savoir les problèmes non assumés, les aspirations insatisfaites, les événements non maîtrisés, les désirs immodérés et les émotions imprévisibles. Pour les moines, c'est de ce silence intérieur qu'il s'agit. Mais le chemin pour y parvenir est bien étroit et presque personne en cette vie ne peut y accéder. Mais on peut s'efforcer de faire une certaine expérience de ce silence. Quand on a assez longtemps lutté contre l'obsession de l'argent et de la possession, on découvrira que l'on s'est affranchi de pareilles pensées dans la prière. Nous pourrons alors prier sans encombre et nous pourrons vraiment nous taire, parce que le vice de la cupidité est maîtrisé. Mais tant que nous ne sommes pas au clair avec notre cupidité, la méthode de relaxation ne sert de rien. La pensée de l'argent n'en finirait pas de nous agiter. Pour les moines, le problème du silence est précisément un problème moral : on n'y parvient que par la maîtrise de nos mauvaises conduites et non pas par des techniques de méditation ou des pratiques de relaxation.

Pour Cassien, cet état de pur silence s'identifie à la pureté du cœur. Le préalable en est l'humilité, par laquelle on ne cherche pas à atteindre un objectif, pas plus des états de concentration qu'un silence absolu, mais par elle, on s'en remet totalement à Dieu. L'humilité est une réaction à l'expérience de

Dieu et à sa propre faiblesse ou à son impuissance vis-à-vis de Dieu. Elle est donc finalement un don, inaccessible aux hommes par leur propre force. Et ainsi ce silence, par lequel je fais taire mes écarts de conduite intérieure et mes désirs exagérés, mes émotions et mes agressions et par lequel je deviens totalement paisible, ne peut être qu'un don de Dieu. Je puis m'y exercer, en m'en prenant dans mon silence à mes vices et en les combattant. Mais ce n'est qu'une visée que je peux rechercher, que je puis vivre de temps en temps comme un don de Dieu.

LE BON DISCOURS

Benoît ne considère pas le silence indépendamment du discours. Le chapitre sur le silence porte précisément comme titre : « Du bon discours ». Et au chapitre 7, il parle non seulement du silence comme signe de l'humilité (9e et 10e degrés), mais aussi de la manière dont devrait se présenter le discours, qui découle de l'humilité (11e degré) :

Le neuvième degré de l'humilité est celui-ci : Quand le moine dans son discours discipline sa langue et qu'il garde le silence, évitant de parler, avant d'être interrogé, l'Écriture lui montre que « l'abondance de paroles ne va pas sans offense » (Pr 10,19) et que « le calomniateur ne tient plus sur la terre » (Ps 139,12).

Le dixième degré de l'humilité est celui- ci : Quand on ne se laisse pas facilement aller au rire, parce qu'il est écrit : « Le fou élève sa voix dans son rire » (Eccl 21,23).

Le onzième degré de l'humilité est celui-ci : Quand dans son discours le moine parle avec douceur et sans rire, humblement, avec gravité et non avec une voix bruyante, comme il est écrit : « On reconnaît le moine à l'économie des paroles » (RB 7).

Se taire et parler ne s'opposent pas, mais se complètent mutuellement. Il s'agirait de parler de façon telle que notre attitude de silence ne soit pas perturbée. Notre parler nous donne la mesure de l'authenticité de notre silence. Si nous avons appris le silence intérieur, notre discours ne nous écarte pas du silence. Mais si je me retranche dans le silence pour éviter toute discussion et si j'en éprouve une jouissance individuelle, en ne songeant qu'à moi-même, je me sens troublé d'être obligé de parler et je donne alors une réponse grincheuse. Si dans mon silence j'ai entretenu des monologues et que j'ai tenu un rôle sur la scène de ma vie, mon discours fusera sans retenue aucune. Bien des contemplatifs paraissent avoir un retard à combler dans leur conversation : c'est bien le signe que leur silence est loin d'être un silence intérieur. Ils parlent avec encore moins de réserve que quelqu'un que sa profession oblige à parler et qui est habitué à une certaine discipline dans son expression orale. Quand nous parlons, tout ce que nous avons acquis dans notre silence ne disparaîtra pas, mais en parlant, il nous faut garder notre silence intérieur. Telle est la préoccupation de Benoît : au lieu de parler en faisant silence, nous devons faire silence en parlant.

Benoît donne des indications pratiques sur la façon dont doit se présenter le discours qui émerge du silence. Le moine doit parler en toute humilité (cum *humilitate,* RB 6,19 ; 61,9 ; 65,32), avec gravité et dignité *(cum gravitate,* RB 7,161 ; 42,26), avec révérence *(cum reverentia),* raisonnablement *(rationabiliter,* RB 31,12 ; 61,9 ; 65,32), avec charité *(cum caritate,* RB 61,10), avec soumission, *(cum subjectione,* RB 3,10 ; 6,19), avec mansuétude *(cum mansuetudine,* RB 66,11), avec modestie *(cum modestia,* RB 22,18) et dans la crainte de Dieu *(cum timore Dei,* RB, 66,11)[10]. L'examen de quelques passages où saint Benoît parle du discours humble permettra de comprendre plus clairement ce qu'il veut dire. Au chapitre 3, il est question des frères qui font une proposition au cours d'une délibération commune :

> *Que les frères donnent leur conseil en toute soumission et en toute humilité et qu'ils ne se permettent pas de défendre insolemment leur manière de voir (RB 3).*

Dans la phrase précédente, saint Benoît dit que l'abbé doit consulter tous les frères, « parce que

10. Cf. sur ce sujet A. G. WATHEN, *Silence. The Meaning of Silence in the Rule of St Benedict,* Washington, 1973, p. 202 sv.

souvent le Seigneur dévoile à un jeune disciple ce qui est le mieux». Il s'agit donc d'un discours qui provient d'une écoute de l'Esprit. Nous ne devons pas imposer notre opinion, en nous valorisant et en nous plaçant au centre, mais nous devons dire ce que nous inspire l'Esprit. Si notre discours procédait de l'Esprit, il ne serait ni outrecuidant ni insolent. Nous ne nous mettrions pas en avant; nous ne parlerions que sous la motion de l'Esprit.

C'est avec humilité que le moine se doit de parler aussi, quand il soumet un désir ou qu'il adresse une demande à son supérieur (RB 6,19; 65,31). On n'a pas à refouler ses désirs, mais on doit les exprimer paisiblement, et toujours dans une attitude de renoncement. J'ai bien le droit de demander quelque chose et de la désirer, mais en même temps, je ne dois pas insister, il me faut être prêt à y renoncer. En parlant du cellérier, Benoît dit qu'il ne doit pas repousser le frère qui lui adresse des demandes déraisonnables : qu'il ne le contriste pas en l'humiliant, « mais qu'il refuse sa demande déraisonnable, de façon raisonnable et en toute humilité» (RB 31,11 sv.). Parler en toute humilité signifie que j'accueille l'autre et que je rejette sa demande, sans réprouver sa personne. Ainsi, je respecte l'autre. Pour Benoît, humilité et respect vont de pair et il associe souvent les deux termes quand il traite du discours adressé à une personne. Par le respect, je laisse l'autre être tel qu'il est. Avec mes paroles, je ne changerai pas autrui, je ne le convaincrai pas avec violence et je ne m'imposerai pas à lui à coup d'arguments, mais je le prends tel qu'il est, je l'estime et je respecte son mystère. Cela vaut aussi pour la critique, que je dois pratiquer avec humilité. Je dois faire preuve là aussi d'humilité. C'est de cette façon que Benoît parle de l'hôte : s'il a quelque blâme à adresser à la communauté, qu'il le fasse en toute humilité (RB 61,9). Il ne porte pas de jugement, mais il signale les fautes. L'humilité implique une liberté intérieure : je prends la liberté de rendre attentif à des anomalies, sans m'ériger en juge et sans forcer autrui à changer. Je lui laisse la liberté de tirer le meilleur parti de mes remarques, comme cela lui semblera bon.

Dans la règle bénédictine, on lit à plusieurs reprises que le moine doit parler de manière raisonnable : qu'il adresse soit un blâme (61,19), soit une demande (65,32) ou un refus, il doit le faire raisonnablement ; ce qui veut dire qu'il doit éviter de se laisser guider par ses émotions. C'est un parler qui ne se laisse entacher par aucune projection, mais qui découle d'une vue claire des choses, d'une vue qui n'est pas troublée par ses intérêts propres ou les humeurs du moment, bref c'est voir les choses telles qu'elles sont. C'est par le silence que l'on peut parvenir à cette façon de parler, car il est à même de clarifier en nous bien des aspects de la réalité.

Sur la fonction du portier, voici ce que l'on peut lire :

> *Dès que l'on aura frappé ou qu'un pauvre aura appelé, qu'il réponde : « Grâce à Dieu » ou « Qu'Il*

soit béni» et qu'avec toute la mansuétude de la crainte de Dieu, il réponde en hâte dans la ferveur de la charité

(RB 66,8 sv.).

En ce cas, le silence reviendrait à repousser un hôte. La parole amicale du portier est un service d'amour à l'égard de l'étranger ; c'est une bonne action. La parole doit exprimer notre amour et notre bonté vis-à-vis des personnes. Mais cela n'est possible que si en parlant, nous ne nous plaçons pas au centre de la conversation, si en parlant, nous ne cherchons pas à nous débarrasser d'autrui. Nous devons être affranchis de tout égoïsme, pour exprimer envers autrui notre disponibilité, en vue de répondre à ses aspirations. Alors, notre discours sera au service de l'amour de celui qui attend de nous une parole qui l'encourage et le réjouit. On peut s'étonner que dans ce contexte, Benoît ne se contente pas de parler d'amabilité, mais qu'il y ajoute la référence à la crainte de Dieu. C'est que parler dans la crainte de Dieu implique que l'on possède en soi le sens de la présence de Dieu dans l'autre. Pour Benoît, notre contact avec autrui n'est pas un simple rapport relationnel. Dans l'autre, c'est le Christ qui nous rencontre. Et c'est bien dans la crainte de Dieu qu'il nous est possible de reconnaître l'autre tel qu'il est. Aussi le frère portier doit-il rendre grâce à Dieu, quand se présente à lui un pauvre ou un hôte.

« Grâce à Dieu ! » ou « Qu'Il soit béni ! », pour

Benoît ce ne sont pas des formules vides de sens : elles expriment cette réalité que c'est Dieu qui m'envoie autrui et que le Christ me rencontre en lui.

Les conseils de Benoît pour un discours honnête montrent que le silence et la parole vont de pair. Qui aura appris à observer un vrai silence pourra parler correctement. En parlant, il ne se départit pas de son recueillement ni de l'attention à la présence de Dieu dans laquelle il doit demeurer pour pratiquer ce silence. En parlant, il maintient cette ouverture à Dieu et il la manifeste, afin que les autres puissent aussi y avoir part. Pour Benoît, il s'agit non d'un silence extérieur, mais de l'attitude intérieure du silence ou encore de cette taciturnité qui exprime le sens de la présence de Dieu et du recueillement dans la paix en Dieu. Que quelqu'un parle dans la foi en la présence de Dieu, son discours n'interrompt pas son silence, mais il en émane, sans le rompre, car il le partage avec autrui.

2 - Le silence en tant que renoncement

On peut envisager le silence sous différents points de vue: une absence de parole, une attitude intérieure de recueillement, une lutte contre ses mauvaises conduites, mais c'est aussi une attitude positive. Faire silence, en tant qu'attitude active, ne consiste pas à s'abstenir de parler et de penser, mais à renoncer à nos pensées et à notre discours. La capacité de quelqu'un à faire silence ne se mesure pas à l'importance de ses paroles, mais à son aptitude à s'oublier. Il arrive même que quelqu'un qui se tait extérieurement, refuse parfois ce renoncement, qui est l'enjeu effectif du silence. Il se retranche dans son silence, afin d'être insaisissable ou pour esquiver le combat de la vie, afin de pouvoir s'accrocher à lui-même et à son image idéale. Pour beaucoup, le silence est une régression, un retrait dans l'irresponsabilité du sein maternel. Ce danger existe avant tout chez les jeunes gens, qui veulent se prescrire de façon prématurée le silence comme voie unique. Ils voudraient se sentir protégés dans le silence, se refusant à voir leurs rêves réprimés par la lutte de la vie. Le silence devient en ce cas un attachement obstiné à soi. Or parler, c'est toujours s'exposer à autrui : on prête le flanc à l'attaque et les paroles peuvent être objet de critique ou de moquerie. Nos paroles peuvent nous couvrir de ridicule. Bon nombre de personnes se taisent par orgueil, de peur de s'exposer. On ne peut pas renoncer à soi et à l'image qu'on a de sa perfection. Mais il vaudrait mieux courir le risque de se laisser couvrir de ridicule en s'exprimant. Si je découvre à quel point j'ai parlé de façon burlesque et si je rends grâce à Dieu d'avoir été dérisoire en parlant, je renonce vraiment à moi. Car je cesse de m'en tenir à l'image édifiante que les autres devraient se faire de moi, et je puis rendre grâce à Dieu, en reprenant les paroles du psalmiste : « (C'est) un bien pour moi que d'être affligé : apprends-moi tes volontés ! » (Ps 119,71). Je ne m'occupe pas de savoir comment j'aurais pu parler d'une autre façon qui soit plus édifiante, mais je renonce à moi et à ces images idéales, pour m'en remettre totalement à Dieu. C'est de ce renoncement qu'il est finalement question dans le silence.

LA MÉTHODE DU RENONCEMENT

Quand dans le silence toutes sortes de pensées et de sentiments possibles surgissent en moi, je puis réagir contre tout cela jusqu'à ce que j'en vienne à bout. C'est une méthode. L'autre méthode consiste à ne pas exagérer l'importance de ces pensées et de ces sentiments, afin de m'en libérer tout simplement. Y renoncer n'implique pas que je les réprouve, mais que je m'efforce de les chasser loin de moi, afin de parvenir à la paix. Bien au contraire, j'envisage ces pensées et ces sentiments et j'y renonce, en refusant de leur accorder trop d'importance. Telle pensée m'habite, mais elle ne doit pas me préoccuper. Si l'instant d'après, elle resurgit, j'évite de m'irriter devant l'absence de résultat, mais j'y renonce de nouveau. Je n'en ai pas peur et ne cherche pas à tout prix à m'en libérer ; je garde mon calme et je laisse aller et venir mes pensées, jusqu'à ce que peu à peu j'en sois délivré. Même si j'ai le sentiment que ces pensées ne cesseront pas de surgir et qu'elles m'habitent, je ne dois pas capituler. Il faut d'abord que je les accepte : c'est en effet mon problème ; ces pensées sont une part de moi-même, elles m'indiquent qui je suis. Je suis en mesure de vivre avec elles, même si ma vie durant je dois les supporter. Je n'ai pas besoin de les présenter à Dieu, pour que je puisse en triompher ou que j'en sois libéré. Si je les accepte telles qu'elles sont, je suis également à même d'y renoncer. Je ne me laisse pas accaparer par elles, pas plus que je me force à en obtenir la libération. Cette pression est encore une autre façon d'en être dominé. Si j'ai la certitude d'être accepté par Dieu avec toutes ces pensées qui m'irritent et m'oppriment, je serai délivré de cette contrainte et je finirai par être délivré de ces pensées. En cas de réapparition, elles ne m'angoisseront plus et cesseront de me dominer. Elles vont et viennent ; quant à moi, je demeure intérieurement libre et je garde en moi un silence intérieur.

Telle est la méthode à suivre. Mais à quoi dois-je donc renoncer ? Il me faut d'abord me libérer de toute tension intérieure. Mes pensées et mes sentiments ne sont pas mauvais ; je n'ai aucune raison de m'obstiner à y renoncer. Car il est des pensées et des sentiments qui peuvent provoquer en nous des tensions. Nous sommes obsédés et dominés par ces pensées et ces sentiments qui reviennent toujours de la même manière. Tant que ces pensées causent en nous des tensions, nous sommes incapables de les traiter. Aussi faut-il commencer par tenter de nous en libérer. Les tensions qui sont en nous, se manifestent toujours physiquement. Il nous faut une bonne fois observer la façon dont nous sommes assis, notre manière de nous tenir debout et de nous déplacer, ainsi que celle de travailler : nous découvrirons toutes les fois que nous subissons une telle tension intérieure. Nos épaules sont contractées, les traits du visage, nos mains se paralysent et notre respiration est haletante. Il nous est possible de nous libérer de ces tensions en recourant à diverses méthodes.

La première méthode concerne le corps. On essaie de lâcher prise, au niveau des muscles, avant tout les muscles des épaules et du dos, mais aussi ceux du visage et du cou. C'est dans ces endroits que se logent souvent nos tensions intérieures. Nous tentons de prendre conscience de ces tensions et d'y diriger notre expiration, afin qu'en expirant celles-ci disparaissent. En expirant, nous libérons les épaules et le dos de leurs contractions. Cette détente n'a de sens que si notre corps tout entier tente de se libérer de ces tensions intérieures, peu importe si je ne parviens pas à les nommer. Dès que nous nous détendons physiquement, nous sentons que nous devenons plus libres intérieurement. Nous provoquons une détente de notre corps en nous libérant nous-mêmes de toutes nos tensions. Ce qui est requis, c'est donc une attitude intérieure de détente. Celui qui désire employer cette technique de relaxation physique, en vue de parvenir à se libérer des tensions désagréables, sans chercher à changer son attitude intérieure, cela ne lui sert de rien. Il ne pratiquerait qu'un traitement des symptômes.

La seconde méthode s'applique aux causes des tensions. Elle m'interroge sur la nature de mes ambitions et de mes désirs effrénés, sur les tensions causées par mes aspirations abusives et sur l'origine de mes soucis qui peuvent provoquer en moi de pénibles tensions. J'aborde donc l'aspect psychologique de la cause de ces tensions et je tente alors de me libérer de cette ambition démesurée et de cette préoccupation angoissante. Mais un acte de volonté ne saurait y suffire seul. Ce n'est pas en grinçant des dents que j'y parviendrai, mais en lâchant quelque chose. Je ne dois pas grincer des dents, mais il me faut ouvrir les mains. Je ne dois pas chercher à régler mon problème, en voulant m'en sortir à la force du poignet, je dois abandonner ces soucis et ces exigences démesurées et y renoncer. Je m'appauvrirais, en lâchant prise. Je dois renoncer à une part de moi-même, en la sacrifiant.

Fréquemment, nos tensions sont causées par certaines peurs. Nous avons peur de nos faiblesses et nous nous garantissons contre elles en érigeant tout un système de prescriptions que nous peinons à suivre rigoureusement. Ou bien nous échafaudons toute une structure de grands idéaux, grâce à laquelle nous cherchons à masquer notre regard sur notre propre abîme. Nous vivons dans la peur permanente de nous heurter à nos faiblesses. Souvent, ces mesures de protection se camouflent derrière des idées pieuses et édifiantes. Mais quand nous découvrons que nous conservons de tels idéaux avec une certaine anxiété et que par crainte, nous demeurons attachés à certaines formes extérieures, c'est toujours le signe que nous subissons une tension dont il nous faut nous libérer. Le secours qui nous est offert, pour nous libérer de pareilles tensions, nous vient de la confiance : Dieu me protège et je suis en mesure de me laisser tomber dans ses bras : ce n'est pas un Dieu qui sanctionne, mais un Dieu d'amour. S'en remettre à Dieu a quelque chose à voir avec l'amour. Je trouve ma joie en ce Dieu d'amour et j'ai confiance en lui. Je me libère de toutes mes protections qui n'ont pas d'autre but que de me protéger moi-même contre Dieu et je le laisse s'approcher de moi. Il ne s'agit pas d'une démarche ascétique, dont je pourrais me prévaloir devant Dieu. Je renonce à tous les succès spirituels et je m'en remets à lui, tel que je suis, avec toutes les pensées qui m'accablent. Il peut prendre la direction de ma vie ; il peut agir pour le mieux et il peut me manifester désormais son amour.

Finalement dans le silence, il s'agit d'effectuer en moi un changement de trône : ce n'est plus moi qui dois siéger sur le trône, et ce n'est pas moi non plus qui dois envisager la manière dont je pourrai, avec mes exercices de piété et mes idéaux religieux, augmenter ma richesse spirituelle, mais c'est le Christ qui doit désormais régner en moi. Au centre, ce n'est pas moi qui dois s'y trouver, ni mes aspirations spirituelles, mais le Christ, à qui je m'en remets, en renonçant à moi-même en faisant silence ; je me retire les leviers de commande et je laisse le Christ agir en moi et avec moi. J'arrête de me prendre tellement au sérieux et je cesse de m'attacher si fort à moi-même, de bâtir ma propre statue ou de peindre un tableau idyllique de mon idéal. Mon idéal, ce n'est pas cela qui compte. Seule importe désormais la possibilité qu'a l'Esprit de Dieu d'agir en moi.

Dans leur introduction à la retraite spirituelle, les frères de Taizé ont bien décrit l'art et la manière concrète de cet abandon de soi. Ils énoncent des règles pour apprendre à faire silence. Je m'abandonne quand je renonce à ma curiosité, quand je cesse de croire que je dois intervenir partout, comme si je devais tout savoir. Ensuite, ils énoncent divers secteurs qui, en moi, doivent faire silence :

Silence de l'imagination : les émotions, les

tristesses doivent s'apaiser, ainsi que l'agitation de mes pensées.

Silence de la mémoire: le passé, les vaines lamentations, l'amertume doivent disparaître. Se souvenir seulement des preuves de la miséricorde de Dieu.

Silence du cœur: les désirs du cœur et les antipathies doivent faire silence. L'amour doit faire silence en tout ce qui est exagéré.

Silence de l'amour propre: Le regard sur son propre péché et sur notre propre inaptitude doit s'apaiser. L'autosatisfaction doit faire silence.

Silence de l'esprit: Faire taire les pensées inutiles. Les réflexions pointilleuses, qui affaiblissent l'intelligence et qui dessèchent l'amour. Faire taire toute quête et toute recherche propre.

Silence de l'esprit critique: Détourner son regard sur autrui et ne pas juger.

Silence de la volonté: Faire taire les peurs du cœur, les peurs de l'âme. Faire taire les sentiments d'abandon.

Silence avec soi-même: ne pas s'écouter, ne pas se plaindre ni se consoler, faire silence avec soi-même, s'oublier et se détacher de soi[11].

Qui s'efforce d'observer ces règles de silence ressent quelle grande exigence cela représente. Qui fait silence de cette façon doit s'abandonner lui-même. Et il découvrira que bien des choses en nous s'opposent à cette démarche, parce que de

11. Communauté de Taizé, *Entrée en retraite,* éd. Taizé (Seuil).

nature nous voulons tenir très fort à nous-mêmes et que nous préférons utiliser Dieu comme instrument de notre perfection, au lieu de nous en remettre à lui dans notre imperfection. Nous accordons trop d'importance à nos pensées, à nos sentiments, à nos soucis et à nos problèmes, pour que nous laissions Dieu s'approcher de nous de tellement près que lui seul compte désormais.

Une telle description, donnée par les frères de Taizé, de l'attitude religieuse, est pour les psychologues une loi relative de la croissance et de la maturation humaine. Il nous faut sans cesse oublier notre passé, pour être disponible à l'avenir. Qui tient éternellement à son enfance ne grandira jamais. Il ne se libère pas des basques de sa mère, auxquelles il reste toujours pendu, comme on dit dans le langage populaire. Oublier le passé signifie abandonner certaines attitudes intérieures. Je ne puis éternellement rester accroché à certaines personnes, ni à mes parents ni à mes condisciples ni à mes amis. Je ne puis rester accroché à certains lieux, comme à ma patrie, à des lieux qui me sont devenus familiers. Sans cesse, il me faut renoncer à des habitudes et à ce qui m'est familier, pour pouvoir vivre dans le présent et m'ouvrir à la nouveauté.

Un aspect important de cet oubli du passé réside dans le fait que je doive y renoncer. Il y a des personnes qui portent en elles de façon permanente les blessures du passé, refusant de se laisser guérir ; elles se sentent offensées, parce qu'elles n'ont pas reçu dans leur éducation ce qu'elles désiraient: l'affection, l'amour, la tendresse et parce qu'elles ont été déçues par d'autres. Elles ressentent le besoin de se remémorer perpétuellement ces blessures, afin de pouvoir s'accrocher à leur amertume. Elles ne sont pas en mesure de pardonner aux personnes qui les ont blessées et ne peuvent pas pardonner à Dieu de leur avoir fait subir ce passé. Il s'agit justement d'oublier ces dépits. Car ils nous ferment l'accès à Dieu. Dans ce renoncement, il s'agit d'une ouverture à Dieu. Je dois m'abandonner, afin que Dieu puisse intervenir en moi. Je dois cesser de m'accrocher à moi, en ouvrant largement mes mains ; je dois renoncer à l'affirmation de moi et je dois me rendre, afin que Dieu ait accès à moi et qu'il puisse agir en moi.

SE TAIRE, C'EST MOURIR

La tradition monastique ne connaît pas cette notion du renoncement. Elle décrit ce qui vise ce terme en recourant à deux images : l'image de la mort et celle du pèlerinage. En faisant silence, le moine pratique l'expérience de la mort du vieil homme. Il est mort au monde afin de vivre pour Dieu.

Un frère vint trouver l'abbé Macaire, l'Égyptien, et lui dit : « Père, réponds-moi ! Comment obtenir le salut ? » Le vieillard l'instruisit : « Va sur la tombe et ricane auprès des morts. » Le frère s'y rendit et ricana, en jetant des pierres. Puis il s'en revint et en informa le vieillard. Celui-ci lui demanda: «Ne t-ont-ils rien dit?» Il répondit: «Non». Alors le vieillard lui dit: «Retournes-y demain et chante-leur la louange!» Le frère se rendit à la tombe et dit: «Apôtre, saint, juste!» Et il revint vers le vieillard et l'informa: «Je les ai loués.» Et il lui demanda: «Ne t'ont-ils rien répondu?» Le frère répondit: «Non!» Alors le vieillard se mit à l'instruire: «Tu sais à quel point tu les as conspués et ils n'ont pas répondu – et à quel point tu les as bénis et ils ne t'ont rien dit. Ainsi dois-tu être toi aussi, si tu veux obtenir le salut. Deviens un cadavre, ne tiens compte ni de l'injustice des hommes ni de leur louange – comme les morts, et alors tu seras sauvé!» (Apo 476).

Le moine doit se rendre indépendant vis-à-vis de la reconnaissance des autres. Être approuvé ou blâmé ne doit rien signifier, seul Dieu doit compter à ses yeux. Mais comme en chacun de nous il existe un instinct qui pousse à rechercher la reconnaissance des hommes, l'image du mort, qui suit, décrit la liberté à adopter vis-à-vis de la louange et du blâme:

Un jour, des prêtres arrivèrent au monastère, où se trouvait l'abbé Poimène; l'abbé Anub s'approcha de lui et lui dit: «Aujourd'hui, faisons un rassemblement des prêtres qui sont venus ici!» Poimen se tint là durant un long moment, sans donner de réponse, puis, attristé, il s'en alla. Ceux qui se trouvaient près de lui, lui demandèrent: «Pourquoi ne lui as-tu pas répondu?» L'abbé Poimène répondit alors: «Je n'ai pas de raison; car je suis mort et un cadavre ne parle pas!» (Apo 577).

En faisant silence, le moine sera mort au monde. Pour lui, le monde n'a plus d'importance. Il n'est pas insensible à la manière d'un mort, mais il se détache du monde de façon si radicale qu'il est mort pour lui, afin de vivre de Dieu seul. Celui qui est parvenu à cette mort intérieure peut vivre au milieu du monde, sans être dominé par lui. Il vit dans le monde et pourtant il n'est pas de ce monde. Sa raison de vivre est Dieu en personne.

On peut lire dans un autre apophtegme:

Un frère demanda à l'abbé Moïse: «J'entrevois une tâche que je ne puis remplir»; alors l'ancien lui dit: «Si tu ne deviens pas un cadavre comme ceux qui sont ensevelis, tu ne pourras pas en venir à bout.»

Dans toutes les religions on pratique la méditation sur sa propre mort. Benoît demande, dans sa Règle, d'avoir chaque jour la mort devant les yeux. «Nous devons mourir intérieurement, pour donner place en nous à la vraie vie.» Si nous pensons que dans trois jours nous serons dans la tombe, n'est-ce pas fou ce qu'il faudrait y laisser?

Tout ce qui est mort en nous : le poids de tout ce qui est sans valeur, la propriété qui nous encombre, les idées auxquelles nous sommes attachés, les rôles que nous jouons, les masques que nous portons, bref tout ce qui disparaîtra. Alors nous pourrions sortir du tombeau comme des hommes nouveaux. Les critères d'authenticité de la vie s'y ajusteraient. Le fait de nous voir dans la tombe n'est donc pas ce qui devrait diminuer ou réduire notre vitalité. Au contraire, cela peut nous aider à déployer en nous la vraie vie. L'inauthentique, tout ce qui nous empêche d'accéder à la vraie vie, doit disparaître. Dans l'apophtegme, l'objectif de la pratique qui consiste à nous représenter dans la tombe est considéré comme une aptitude à assumer notre tâche. La mort nous rendra apte à la vie. Ce n'est pas une fuite devant la lutte qu'exige de nous la vie, mais c'est une aide à conquérir la vraie vie, c'est-à-dire à faire l'expérience de la Résurrection du Christ en soi au cœur même des activités, au cœur de la vie au quotidien.

SE TAIRE, C'EST VIVRE EN PÈLERINAGE

Une autre image, qui est familière aux moines pour décrire le silence, est celle de la *peregrinatio*, du pèlerinage. Un apophtegme identifie le pèlerinage au silence : *peregrinatio est tacere* (se taire est une pérégrination). Dans un autre, on peut lire :

Si tu n'es pas maître de ta langue, tu ne seras pas l'étranger, où que tu te rendes. Maîtrise donc ta langue et tu seras alors un étranger (Apo 449).

Et dans un autre dit des Pères, on donne la réponse à la question posée de savoir ce qu'est le fait d'être étranger :

Fais silence et dis en tout lieu où tu te rends : « Cela ne me concerne pas ! C'est la vie à l'étranger » (Apo 776).

Et l'abbé Tithoe dit :

Le pèlerinage implique que le moine fasse violence à sa bouche (Apo 911).

En faisant silence, le moine émigre de ce monde. Il renonce à donner partout son avis. En parlant, j'interviens dans l'histoire du monde, je deviens actif, j'analyse, je critique ou je l'oriente dans une certaine direction, en déterminant et en prescrivant. En se taisant, le moine est détaché du monde. Il renonce à le changer ou à l'améliorer. Car la forme de ce monde passe. Il ne prétend pas le juger, car il sait qu'il est dirigé par Dieu. Il laisse le monde être le monde et chemine vers Dieu à travers le monde comme à travers un pays étranger, où il ne doit pas s'établir. Le pèlerin ne doit pas s'y installer comme s'il était chez lui. Il doit poursuivre son chemin. Ainsi le silence est également le refus du repos que l'on prend à domicile. C'est le refus de trouver la paix dans la parole. Dans le silence, on sort de la demeure de la parole. Ambroise dit de la parole humaine qu'elle signifie la demeure, la maison et la paix.

> *Domus mentis prolativum verbum est. Mens in sermonibus habitat*[12].
> *(La maison de l'esprit est la parole prononcée. L'esprit habite dans le discours.)*

C'est par la parole que l'homme habite ce monde. La parole montre qu'il en fait partie. Elle crée des relations avec le monde. Il est à peine besoin de rappeler l'importance de la radio pour les vieilles personnes solitaires. En écoutant la radio, un vieillard isolé se sent relié à ce monde. La parole est son mode de communication avec le monde. Le moine, quant à lui, renonce à la parole et à la paix du monde. Il avance sur une voie intérieure. Il devient étranger au monde, pour cheminer en direction de Dieu. Cela réclame de lui un renoncement permanent à tous les liens avec lesquels le monde cherche à le retenir.

Cassien, le premier grand moine-écrivain de l'Occident, explique l'essence de la *peregrinatio* dans son interprétation de Genèse 12,1[13].

Il y est question d'un triple renoncement à

---

12. Ambroise, *De Abraham*, CSEL, XXXII, I, 565,18.

13. « *Quitte ton pays, ta parenté et la maison de ton père, pour le pays que je t'indiquerai.* »

son pays, à sa parenté et à la maison paternelle[14]. Quitter son pays signifie pour Cassien renoncer à tous les biens de ce monde, abandonner tous les liens de ce monde. Qui abandonne ce monde ne possède plus rien, il s'appauvrit. En faisant silence, le moine renonce à la richesse de la parole. Il n'a plus rien qui puisse lui permettre de briller et d'impressionner ; plus rien à présenter, ni formules apprises, ni pensées judicieuses. Il devient pauvre intérieurement, pauvre en esprit. Cela ne se rapporte pas seulement au discours, mais aussi aux pensées. Faire silence ne signifie pas s'adonner à toutes les ressources de son imagination, mais devenir pauvre aussi en pensées, se satisfaire de quelques pensées, qui vous amènent au recueillement. La *ruminatio,* la rumination des paroles de l'Écriture se limite chez un bon nombre d'Anciens à quelques versets isolés de psaumes. Et ils considèrent comme une pauvreté en esprit que de vivre d'une unique parole de l'Écriture et de se laisser tout simplement transformer par elle.

Quitter sa parenté, c'est, pour Cassien, quitter la vie antérieure, nos habitudes et nos vices d'autrefois, toutes ces choses auxquelles nous sommes si étroitement unis depuis notre naissance qu'elles ont contracté avec nous une sorte d'affinité. Ce détachement implique un renoncement à la vie passée, ainsi qu'aux sentiments et aux passions. Il

14. Cf. CASSIEN, *Collationes,* III, 6 sv. On peut consulter Jean CASSIEN, *Conférences,* Sources chrétiennes, Cerf, 2e éd. 1966.

nous faut nous séparer de tout ce qui retient notre cœur. Cassien nous proscrit ici la régression, le repli dans les stades passés, la fuite du présent dans le passé idéalisé, où nous étions sans souci, où l'on pouvait faire état de nos succès. Faire silence en tant que renoncement à la parenté réclame donc l'oubli des souvenirs. On doit cesser de donner trop d'importance à sa propre personne et à son passé. En face du Dieu présent, on ne doit pas donner libre cours à son imagination pour fuir dans son passé et s'y sentir heureux. Il y a des personnes qui n'en finissent pas de revenir sur leur passé : elles tentent de revivre à nouveau des événements qu'elles trouvent toujours merveilleux. Elles ne parviennent pas à les oublier ; elles tiennent à les conserver comme une possession, sur laquelle elles voudraient s'appuyer. Le silence réclame un oubli de son propre passé et une attention totale à la réalité du présent, qui finalement est Dieu d'aujourd'hui, que l'on peut rencontrer, non en enjolivant les expériences passées mais seulement en affrontant le présent, en tant qu'il est le Dieu de la réalité.

Le renoncement à la maison paternelle est interprété par Cassien comme l'oubli de tout souvenir émanant de ce monde, comme un détachement du visible et de l'éphémère et comme une attention portée à l'invisible, à l'éternel et au futur. Dans ce contexte, Cassien cite Ph 3,20 : « Notre cité se trouve dans les cieux. » On doit marcher dans ce monde, sans s'y installer, parce que l'on a sa patrie au ciel et que donc l'on considère aussi sa vie ici-bas comme une vie dans un pays étranger. Et c'est ainsi que l'on désire la conduire. Le silence est donc un affrontement du caractère étranger de ce monde. Il ne se familiarisera pas avec les gens de son entourage, avec les gens de ce monde. Et c'est bien ainsi que les moines envisagent le silence : à savoir comme le renoncement à ce qui est familier. Voici ce que l'on peut lire dans un apophtegme :

> *Je voudrais habiter avec les frères, dis-moi comment je dois vivre avec eux. L'Ancien lui répliqua : « Comme au premier jour, quand tu es arrivé auprès d'eux ; conserve l'attitude de l'étranger tous les jours de ta vie, afin de ne pas te familiariser avec eux » (Apo 83).*

Ainsi donc le silence, en tant qu'absence de patrie et renoncement à toute familiarité, est une entrée consciente dans la solitude. Les moines pèlerins ont cherché en toute lucidité l'incognito, voulant rester inconnus. Souvent, ils sont méconnus : ils vivent volontairement en dehors de toute communauté et donc sans la protection de la loi. Ils se sont détachés de toute communauté, de tout lien avec leur peuple, avec leur famille, bref avec tous les hommes, afin de rompre totalement avec le monde, en vue de vivre seuls avec Dieu, *sibi solique Deo.*

Il ne faut pourtant pas forcer le sens de telles images. Les images de la mort et du pèlerinage expriment un aspect essentiel du silence. En faisant silence, le moine se libère de ce monde, pour s'ouvrir à Dieu. Mais dès que l'on serre cette image, apparaît l'idée de négation radicale et de fuite du monde, qui serait davantage d'origine néoplatonicienne que chrétienne. Mais les images de mort et de pèlerinage ne valent pas seulement pour les ascètes du désert, elles valent aussi pour nous. Il nous faut bien de quelque manière dépasser ce monde et le transcender ; il nous faut le quitter et en cheminant, nous laisser conduire et interpeller par une autre voix ; il nous faut être mort au monde, pour vivre de Dieu et pour Dieu. C'est une telle attitude qui nous conduira vers une liberté et une sérénité intérieures, sans mépriser ni haïr ce monde, mais en nous acheminant vers cet amour paisible en toute chose et fortement ancré en Dieu, au cœur même de nos tâches temporelles.

LE SILENCE, LIBERTÉ ET SÉRÉNITÉ

Le silence en tant qu'abandon, mort et émigration de ce monde, nous rend libre intérieurement. Nous ne tenons plus à rien d'autre qu'à Dieu. Voilà qui serait justement d'une grande importance pour notre travail quotidien et dans nos rapports avec les autres. Si nous étions soucieux de réagir à partir de cette liberté par rapport aux choses et aux gens, nous ne vivrions pas sous le coup de tensions permanentes. Nous pourrions travailler plus objectivement, parce que nous cesserions de confondre nos propres aspirations et nos désirs avec la réalité et nous pourrions agir, car nous n'investirions plus d'énergie inutile dans des aspects secondaires comme la reconnaissance ou l'approbation. Au cours de son séjour dans un couvent de trappistes, H. Nouwen eut l'occasion de travailler avec les moines dans divers ateliers. Il constate à quel point ce travail l'épuise. Mais en rédigeant son journal, il découvre tout d'un coup la cause de son épuisement :

> *Je crois que mon épuisement n'est pas au fond une conséquence de la nature du travail que j'accomplis. Mais bien plutôt celle de tensions pénibles, que j'associe à ce travail. Il faudrait que je me contente de passer tout simplement la journée, en acceptant le règlement et les petites consignes, que je trouve inscrites chaque fois sur un papier déposé à ma porte*[15].

S'il avait pu renoncer à ses désirs et se contenter d'accomplir simplement son travail, s'il avait simplement vaqué à son travail, il n'en serait pas accablé. Mais au cours des travaux qui lui incombent, il se fatigue, parce qu'il est trop préoccupé de les bien faire et d'être bien vu par autrui. Quand Nouwen parle de sa fatigue avec John Eudes, l'abbé du monastère, quand il est en contact avec des personnes, par exemple, donnant un enseignement ou au cours d'une retraite, il reconnaît lui-même :

---

15. NOUWEN, *op. cit.*, p. 33.

Je mets trop d'énergie dans toute rencontre, comme si chaque fois il me fallait démontrer de nouveau que je mérite qu'autrui s'adresse à moi. « Vous mettez toute votre identité en jeu et recommencez chaque fois au point zéro, lui fait remarquer John Eudes. En ce cas, la prière et la méditation ont leur importance ; car c'est là que vous trouverez votre profonde identité et que, chaque fois que vous aurez affaire à d'autres, elle vous préservera. » Il ajouta qu'il était prouvé que des personnes qui méditent régulièrement ont moins besoin de sommeil. Elles sont généralement plus unifiées et n'ont pas besoin d'autrui dans leur lutte et leur identité[16].

Qui a appris à abandonner soi-même et ses revendications, au cœur de ses activités, peut assumer son travail dans la sérénité, sans tensions intérieures. Il a émigré de ce monde et se tient uniquement au service de Dieu. Il accomplit son travail non pour lui-même, mais en vue de l'œuvre à réaliser, pour l'amour de Dieu. Il est libre, pour agir correctement et objectivement, sans y introduire constamment ses émotions. Qui s'abandonne dans ses activités, dans son discours et ses réflexions, vit une liberté intérieure, par laquelle il peut se tourner vers Dieu et se laisser entraîner vers le service de Dieu.

Le silence, au sens de l'abandon, de la mort et

16. *Ibid.*, p. 156.

de l'émigration, ne se rapporte pas seulement au discours, mais à toute notre activité. Il marque toute notre vie et serait à même de la rendre plus authentique, plus libre et plus humaine ; parce qu'il nous dépouille de tout ce qui peut altérer notre être, de ce qui menace d'étouffer le fond de notre cœur, et qui nous éloigne de cette image que Dieu a déposée en nous. Le but du silence est de nous rendre plus disponibles à Dieu, de sorte que l'Esprit divin se répande dans toutes nos entreprises, dans notre pensée et notre action. Le silence devrait nous rendre transparents à l'Esprit de Dieu, au point que Dieu puisse prendre la direction de notre vie. Ce n'est pas nous qui déterminons notre vie, vu notre étroitesse et notre égoïsme, mais c'est l'Esprit de Dieu lui-même auquel dans notre silence nous nous remettons et nous nous confions.

3 - Le silence, une ouverture à Dieu

LE SILENCE, UNE ÉCOUTE

Dans le chapitre 6 de sa Règle, Benoît ne parle pas de *silentium,* qui est davantage la pratique du silence, mais de *taciturnitas*, et par là il vise, d'une part l'attitude du silence et, de l'autre, une ambiance de recueillement, qui doit régner dans le monastère. Cet espace de recueillement est le lieu où le moine est ouvert à Dieu et où il peut écouter la parole de Dieu dans l'Écriture et la liturgie, ce qui lui permet de vivre en présence de Dieu. Là, Benoît décrit davantage une ambiance de silence qu'une technique. C'est l'ambiance de l'ouverture à l'Esprit de Dieu. Benoît juxtapose les deux mots de silence et d'écoute. Le silence est au service de l'écoute, de l'attention à la parole de Dieu. Il rend sensible à la présence de Dieu comme espace où nous nous mouvons, et à la Parole de Dieu, qui nous indique le chemin.

Pour Benoît, silence, obéissance et humilité vont de pair. L'humilité est l'attitude fondamentale, d'où découlent l'obéissance et le silence. Ce n'est pas sans raison que Benoît place les chapitres sur l'obéissance et le silence avant celui sur l'humilité. Et dans le chapitre sur l'humilité, les quatre premiers degrés traitent de l'obéissance, les derniers, du silence. Par obéissance, j'écoute les commandements de Dieu et ses préceptes, tels qu'ils m'atteignent dans les consignes de l'abbé. Dans le silence, j'écoute l'enseignement du Seigneur qui m'indique le chemin de vie. Et ce silence, tout comme l'obéissance, n'est pas purement vertical, mais aussi horizontal. Être ouvert à la parole de Dieu dans le silence, c'est l'écouter telle qu'elle émane des paroles de l'abbé et des frères et c'est voir aussi dans le prochain la présence de Dieu. Ce qui est essentiel pour Benoît, ce n'est pas une discipline de silence, mais une attitude de respect, par laquelle le moine est ouvert au mystère de Dieu dans l'intimité, dans la parole et dans les personnes.

Benoît justifie le silence dont il parle dans le chapitre 6 en soulignant sa propre valeur :

> *Même s'il s'agit de discours, bons, saints et édifiants, que soit rarement accordée la licence de parler même aux disciples parfaits, en raison de l'importance de la taciturnité (propter taciturnitatis gravitatem) (RB 6).*

Wathen[17] relève qu'il s'agit dans *propter taciturnitatis gravitatem* de ce qu'on appelle un génitif d'identité : *taciturnitas* et *gravitas* ont le même sens et s'interprètent réciproquement. Mais par *gravitas,* Benoît vise « le fait d'être pénétré de la

17. Cf. A.G. Wathen, *Silence, op. cit.,* p. 29 sv.

proximité, voire de la présence de Dieu[18] ». L'enjeu du silence est donc de ne pas me couper de cette pénétration en moi de la présence divine. Il nous faut nous taire, afin de maintenir en nous notre ouverture à la présence de Dieu. La taciturnité est selon Benoît une attitude positive : le moine doit s'ouvrir à la présence divine, pour vivre toute la journée devant Dieu, développant en lui un grand sens de sa proximité. La présence de Dieu est l'espace dans lequel il vit et où il se sent chez lui, protégé et accueilli. La présence salvifique de Dieu l'enveloppe et tend à le pénétrer jusque dans son corps. Le silence est l'attitude intérieure par laquelle je m'ouvre à la réalité de Dieu qui m'entoure. C'est donc davantage que l'absence de discours. L'absence de parole peut s'effectuer en grinçant des dents. Mais je ne puis m'ouvrir à la présence divine que si je dilate tout mon corps, si je cesse de me retenir, en brisant la carapace de mon épiderme, afin de laisser se répandre à travers mon corps cette présence divine. Si je me déplace dans la nature avec un corps totalement libre, je me sens enveloppé par cette présence divine : c'est une présence qui ne pèse pas sur moi, mais qui m'affranchit et me guérit, grâce à laquelle je me sens physiquement bien. Selon saint Benoît, on doit également exprimer le sens de la présence divine dans ses gestes, dans la manière dont je me rends à l'office divin (RB 22,6 et 43,6), et on doit l'entre-

18. B. STEIDELE, *Die Regel St Benedikts,* Beuren 1952, p. 241, note 1.

tenir en parlant. Le silence de la nuit, dans lequel on ressent encore davantage cette présence dont Dieu nous entoure, ne doit pas être perturbé sans une raison grave – *cum gravitate* – (RB 42,26). Et celui qui est désigné pour lire ou chanter à l'office doit le faire avec ce sens de la proximité de Dieu, afin qu'ainsi les frères en soient édifiés et que dans la parole et le chant, Dieu leur soit présent (RB 47,10).

Le silence favorise l'écoute de la parole de Dieu et la prière. C'est ce que Benoît montre au chapitre 4. Immédiatement après les prescriptions du silence, il place la monition, invitant « à entendre volontiers les lectures saintes et à s'adonner fréquemment à la prière ». Et au chapitre 52, il invite les frères à sortir de l'oratoire dans le plus profond silence et à manifester de la révérence pour Dieu, afin que quiconque voudrait poursuivre seul sa prière puisse le faire sans être gêné. C'est que le silence facilite l'ambiance de la prière. Il maintient l'état auquel on a accédé dans la prière. Parler aussitôt après la prière commune, c'est perdre le fruit de sa prière. Le recueillement s'estompe et celui qui parle trop vite perd ce qu'il a acquis dans sa prière. En revanche, le silence prolonge la prière et l'instaure dans le cœur.

L'attitude du recueillement rend possible l'écoute de la parole de Dieu ; elle est aussi une réaction à une expérience vécue de cette écoute. Le moine réagit à son expérience avec Dieu, en libérant son cœur de tout ce qui pourrait le gêner dans la poursuite de l'écoute de la Parole. C'est un silence de vénération, par lequel le moine se tait devant le mystère qui l'illumine. L'expérience s'estompe dès que l'on se met à parler. Voici ce que nous pouvons lire dans un apophtegme :

> *Le même (Jean) avait l'esprit tout enflammé. Un visiteur louait son travail. Il était en train de tresser une corde. Mais il se taisait. De nouveau le compagnon tenta de lui arracher une parole de la bouche. Il continua de faire silence. Une troisième fois, il dit à son visiteur : « Depuis que tu es entré, tu as chassé Dieu loin de moi ! » (Apo 347).*

Les moines ne gardent pas le silence au nom d'un principe abstrait, comme pour se mettre de façon artificielle dans une certaine humeur, non plus d'ailleurs que pour pouvoir faire état de leur performance ascétique. Ils gardent le silence parce qu'ils ont fait l'expérience de Dieu et qu'ils désirent ne pas la ruiner par leur discours. Ils désirent ne pas se laisser détourner de l'attitude d'ouverture à Dieu dans laquelle ils se trouvent. C'est ce que l'on voit surtout avant la mort. La mort est une épreuve si décisive que seul le silence peut permettre de l'affronter. Les frères posaient inlassablement des questions à Agathon en train de mourir, mais celui-ci leur dit :

> *Faites-moi plaisir, cessez de m'adresser la parole : car je suis très occupé (Apo 111).*

On rapporte la même chose de l'Ancien Zacharie :

L'Ancien Poimène racontait que l'abbé Moïse interrogea l'Ancien Zacharie : « Que vois-tu ? » et que celui-ci lui répondit : « Ne vaut-il pas mieux faire silence, Père ? » « Oui, mon enfant, garde le silence ! » A l'heure de sa mort, l'Ancien Isidore était assis auprès de lui. Il leva les yeux au ciel et dit : « Réjouis-toi, mon enfant Zacharie : les portes du royaume du ciel sont ouvertes ! » (Apo 247).

À sa mort, l'homme est tellement occupé de choses importantes que le discours ne pourrait que le déranger ; il l'empêcherait de faire une profonde expérience. Dans sa vieillesse, C.G. Jung a fait cette expérience. Il écrit à quelqu'un qui l'a sollicité, car il aimerait bien lui rendre visite et parler avec lui :

Pour moi, le discours devient assez souvent une souffrance et il m'arrive d'avoir besoin d'un silence de plusieurs jours pour me reposer de la futilité des paroles entendues. Je suis sur le point de m'en aller et je ne regarde en arrière que si je ne puis faire autrement. Ce voyage est déjà en soi une grande aventure, mais elle n'est pas du genre à pouvoir être évoquée en détail. Ces quelques jours d'échange spirituel que vous imaginez, je ne pourrais les supporter avec personne, pas même avec les personnes qui me sont les plus proches. Le temps qui me reste à vivre doit être vécu en silence ! Cette idée devient chaque jour plus évidente : le besoin de communiquer disparaît[19].

De ces mots se dégage clairement l'obligation qui découle du silence. Je ne dois pas m'autoriser à me payer le luxe de me taire, si je veux seulement jouir de ma tranquillité. Aux nombreuses personnes qui attendent de moi une parole, je ne puis la leur refuser que si mon silence traduit une réelle occupation de ma part et si mon silence n'est pas une inactivité passive, mais une écoute active, une marche dans le désert, dans cet espace où Dieu parle, que si je prête l'oreille à ce que Dieu désire me dire dans ce silence, si je vis à fond cette aventure, qui m'attend dans un silence sincère face à Dieu.

LE SILENCE, PERFECTION DE LA PRIÈRE

Un sujet qui revient toujours dans l'enseignement monastique sur la prière, c'est la prière sans image et sans idée, la prière considérée comme un pur silence devant Dieu. Le silence est d'abord une aide, pour pouvoir prier, tourner son esprit vers Dieu, en vue d'écouter avec recueillement la Parole de Dieu. Mais quand le moine est déjà assez avancé dans la vie spirituelle, il découvre la prière dégagée de toute parole et même la prière dégagée de toute image. Ce genre de prière est un don de la

---

19. C.G. JUNG, *Briefe*, III, Olten, 1973, p. 95.

grâce divine. On ne peut la pratiquer comme une technique. Elle est un but, quand les étapes précédentes ont été franchies : *lectio, oratio* et *meditatio.*

La tradition distingue quatre degrés dans la prière : le premier est celui de la lecture, par laquelle le moine accueille la parole de Dieu en lisant et qu'il s'applique à lui-même. Le deuxième degré est celui de l'*oratio,* dans laquelle il donne une réponse à ce qu'il vient de lire. Souvent, il interrompt corporellement la lecture. Il se met à genoux ou se prosterne pour répondre à Dieu, à la parole de Dieu qui lui a touché le cœur. *Lectio* et *oratio* sont deux aspects du dialogue entre Dieu et l'homme. Dans la *lectio,* c'est Dieu qui parle ; dans *l'oratio,* c'est l'homme. Dans la *meditatio,* en tant que prochain degré de la prière, le moine laisse simplement agir en lui ce qu'il vient de lire. Il ne poursuit pas la lecture, mais il se laisse conduire, en passant d'une parole à un silence de recueillement, où la parole, sans être étudiée, peut pénétrer et transformer son cœur tout entier. Dans la *meditatio,* l'homme n'a plus besoin de paroles ; il demeure en silence sous l'impression de la parole. Le silence de la *meditatio,* sous la motion de la parole de Dieu, est un silence vécu en présence de Dieu. C'est un silence très humain, avec le Christ, avec un Toi, qui pose son regard sur moi : il n'est pas nécessaire que je prononce des paroles pieuses ; il me suffit d'être là en sa présence, sous son regard, de me laisser pénétrer de sa parole et de sa présence.

La présence du Christ se concrétise par la parole de Dieu. Les images que je découvre dans la lecture suscitent sous mes yeux une image humaine de Jésus, devant laquelle je deviens silencieux, parce que le regard et la visibilité sont suffisamment réalisés. La parole est elle-même source de silence : elle me conduit dans un silence vivant, dans un dialogue silencieux avec Dieu, dont l'image me parle dans le silence.

Le dernier degré de la prière, pour les moines, est la *contemplatio*, la vision de Dieu, ou l'extase. À ce niveau, les images, les pensées et les représentations n'ont plus cours. Ici Dieu est source immédiate d'expérience dans un pur silence.

Pourtant, cette *contemplatio* ne peut s'obtenir par les seules forces humaines. C'est un don total. Je ne puis forcer Dieu, en me taisant ou en faisant le vide en moi, à ce qu'il me comble de sa richesse spirituelle. Ce serait de la cupidité spirituelle. Les moines ne comprennent pas le silence comme une technique qui permettrait de connaître des expériences divines, mais cela survient à quelqu'un, quand la parole de Dieu le touche si intimement que ses propres paroles et ses propres pensées font silence. Le silence de la *contemplatio* est une réaction à l'action de Dieu et non une méthode qui permettrait de mieux prier. Aussi doit-on s'en tenir aux premiers degrés, en évitant d'être impatient à voir se réaliser ce quatrième degré.

Que le silence s'instaure à la suite d'une profonde expérience de Dieu et non pas l'inverse, à savoir un moyen pour provoquer une telle expérience, cela ressort également de la sainte Écriture. Se taire peut assurément aider à être ouvert à Dieu et à recevoir un sens pour apprécier sa présence. Mais le silence profond est toujours une attitude provoquée par la manifestation puissante de Dieu lui-même.

Nous lisons par exemple en Habaquq 2,20 :

> *Le Seigneur est dans son saint temple : silence devant lui tous les peuples !*

ou en Sophonie 1,7 :

> *Silence devant le Seigneur Dieu ! Car le jour du Seigneur est proche !*

ou encore dans l'Apocalypse 8,1 :

> *Lorsque l'Agneau ouvrit le septième sceau, il se fit un silence dans le ciel, environ une demi-heure.*

Dans tous ces textes, c'est Dieu lui-même qui provoque le silence profond et limpide. Nous ne pouvons, quant à nous, que créer un espace de silence et de recueillement, mais aucune technique ne peut nous apprendre le pur silence : c'est un résultat, un silence devant le Dieu sublime, devant qui non seulement la langue, mais la pensée défaille. Pour pratiquer ce pur silence, les moines se gardent bien d'indiquer une quelconque technique, comme par exemple la méditation du Zen. Ce que nous pouvons pratiquer, c'est seulement la lecture, la prière et la méditation. Tout le reste est œuvre de Dieu.

Ce sujet de la prière silencieuse a été surtout développé par Évagre le Pontique. Dans son traité *De Oratione,* il écrit :

> *Efforce-toi, quand tu pries, de rendre ton esprit sourd et muet. Alors, tu pourras prier.*
> *Quand tu pries, ne t'imagine pas ce qu'est Dieu sous une forme visible. Ne laisse pas ton esprit se mettre à la recherche d'aucune pensée, mais sois immatériel face à ce qui est immatériel et tu connaîtras.*
> *Si le rusé démon a vainement tenté de troubler ta mémoire durant la prière, il s'en prend alors à ton corps pour susciter en ton âme quelque imagination étrange, en vue de lui donner quelque consistance. L'intelligence est habituée à se complaire dans les pensées et elle se trouve à l'aise sous leur impression. Mais si le moine se laisse détourner de cette application à la vision immatérielle de Dieu, elle-même dépourvue d'aucune forme, il prend la fumée pour du feu*[20]*.*

Ces pensées d'Évagre sont à comprendre seulement en référence à l'arrière-plan de sa doctrine sur l'ascèse. D'abord, Évagre écrit que la prière doit être affranchie de toute pensée passionnée. Dans ces pensées passionnées se manifestent les vices, que le moine, en s'acheminant

---

20. Évagre LE PONTIQUE, *De Oratione,* PG 79, 1170 (c. XI), 1182-1183 (c. LXVI & LXVIII).

vers Dieu, doit maîtriser, parce qu'ils le séparent de Dieu. Il doit donc commencer par exclure de sa prière toute pensée colérique et triste. Nous faisons sans cesse l'expérience, quand nous allons prier, que des pensées sur des personnes surgissent, qui nous énervent et qui peut-être nous ont fait du tort. Selon Évagre, le démon de la colère voudrait nous éloigner de Dieu par de telles pensées. Aussi faudrait-il que nous commencions à nous libérer de ces pensées, pour pouvoir vraiment prier.

Mais il n'y a pas que des pensées de colère qui nous détournent de Dieu, toutes les autres pensées font de même. Notre esprit s'occupe à de telles pensées, au lieu de se soucier de Dieu. Il pense à ceci et à cela, et pas du tout à Dieu. Même si nous tournons notre imagination vers Dieu, même si nous réfléchissons à des images de Dieu, cela peut nous séparer de Lui. Nous tenons à nos images ou à nos sentiments, que nous confondons avec l'expérience de Dieu. Évagre nous incite, justement à propos de ces images qui semblent représenter Dieu, à faire preuve de prudence. Car trop souvent le démon de l'orgueil se mêle à notre prière. Il suscite en nous des représentations et des sentiments, pour que nous demeurions dans ces sentiments, au lieu de rencontrer le Dieu véritable.

> *Quand l'esprit est pur, qu'il prie avec sincérité et sans vagabonder, les démons ne viennent plus du côté gauche, mais ils se présentent du côté droit : ils lui suggèrent la gloire de Dieu et la figuration*

des choses, agréables à sa conscience, de sorte qu'il lui semble avoir déjà parfaitement atteint l'objectif de sa prière. Mais, selon un homme sage et vénérable, cela provient de la passion de la vaine gloire et du démon qui touche un endroit du cerveau et ébranle une veine[21].

Précisément, celui qui se croit dépouillé de toutes les passions inférieures risque de prendre ses propres images et ses représentations pour des manifestations de Dieu. Il les confond avec les expériences divines. Il voudrait les retenir et en parler, pour les communiquer à autrui, sans remarquer que le démon de la vaine gloire le prend pour un fou[22].

Le scepticisme d'Évagre à l'égard de toutes les expériences divines descriptibles doit nous garder de parler de façon trop superficielle de l'expérience de Dieu. Durant longtemps, notre prière demeure une absence d'expérience et une tolérance de notre propre vide, le silence de nos pensées et de nos sentiments, seulement un pressentiment de la plénitude au cœur même de notre vacuité. D'après Évagre, la prière silencieuse n'est pas un renoncement orgueilleux à toutes les images et à toutes les représentations, du fait que nous n'en aurions plus besoin, mais parce que l'on aurait déjà un contact immédiat avec Dieu. Le silence

21. *Ibid.*, PG 79, 1182.

22. *Ibid.*, 1183.

peut s'emparer de quelqu'un, parfois le consumer, le dépouiller ; parfois, il est un silence accompli, un silence instauré par Dieu lui-même, un silence pénétré de la présence divine. Mais alors il ne nous est plus possible d'en parler ; on ne peut bavarder sur son expérience avec Dieu pour l'étaler aux yeux d'autres personnes, mais on porte en soi ce pressentiment du silence accompli comme une tendre floraison, qu'on ne doit pas exposer à un vent fort. Le fait que Benoît ne mentionne pas cette prière silencieuse montre qu'elle est une exception chez les moines. Qui s'efforce chaque jour de s'unir sincèrement à la prière du chœur, à faire de bonnes méditations, une lecture et une prière personnelles, expérimente de temps en temps comme un don de Dieu des instants de silence qui le comblent.

On parle dans la mystique allemande du Moyen-Âge de façon beaucoup plus optimiste de l'expérience silencieuse de Dieu. Le degré suprême de la prière est, selon Maître Eckhart, Jean Tauler et Henri Suso, la communion silencieuse avec le fond de l'âme, où Dieu repose lui-même sans forme. Si nous nous dégageons de toutes les formes et que nous plongeons dans le tréfonds informel, nous ne faisons qu'un avec Dieu. Maître Eckhart pense que les images que nous nous faisons de Dieu, peuvent empêcher Dieu lui-même de pénétrer en nous :

> *L'image la plus minuscule de la créature, qui adhère en toi, est aussi grande que Dieu : elle te barre la route de tout ton Dieu. Tant qu'une telle*

image est à l'intérieur de toi, Dieu doit céder la place et quand cette image sort de toi, Dieu est en toi[23].

Dans le silence, il s'agit de se dépouiller de toutes les images et pensées afin qu'elles ne barrent pas la route de Dieu jusqu'à nous. Si nous renonçons à nos propres pensées et si nous laissons agir le Dieu que nous méditons, nous donnons à Dieu la possibilité de naître en nous :

Au plus profond de notre être, dans la modeste lueur de notre raison, a lieu la naissance de Dieu. Cela doit se produire dans ce que l'âme peut offrir de plus pur, de plus noble et de plus tendre : dans ce profond silence, là aucune image n'a jamais atteint une créature[24].

En chacun de nous il y a un lieu où le silence est total, affranchi de toutes les pensées bruyantes, des soucis et des désirs. C'est le lieu où nous sommes nous-mêmes tout à fait conscients. Ce lieu, qui n'est troublé par aucune pensée, est pour Eckhart ce qu'il y a de plus précieux dans l'homme ; c'est le point où peut se produire la véritable rencontre entre Dieu et l'homme. Nous devons pénétrer jusque dans ce lieu de silence. Nous n'avons pas à l'instaurer ; il est là, seulement recouvert par nos pensées et nos soucis.

---

23. Maître ECKHART, *Das System seiner religiosen Lehre und Lebensweisheit.* Texte établi par Otto KARRER, Munich, 1926, p. 138.

24. *Ibid.*, p. 173.

Si nous déblayons ce lieu de silence, nous pouvons rencontrer Dieu, tel qu'il est. Nous ne tenons plus à nous-mêmes ni à nos pensées, mais nous nous oublions totalement et nous nous laissons conduire dans le mystère de Dieu. Nous ne prescrivons pas à Dieu la façon dont il doit nous rencontrer, mais nous sommes ouverts à sa venue, telle qu'il l'a projetée. Même si nous libérons ce lieu de silence, nous ne pouvons pas extorquer d'expérience divine. Nous pouvons tout au plus ressentir notre vacuité et notre obscurité. Mais nous sommes disponibles à la venue de Dieu. Nous demeurons sans curiosité et sans impatience dans l'attente d'une expérience.

Nous renonçons à toutes les attentes, l'attente d'une expérience profonde de Dieu, l'attente de sentiments de bonheur. Nous abandonnons nos images et nos représentations. Nous n'avons pas besoin de présenter à Dieu quoi que ce soit : ni pensées édifiantes, ni pieux sentiments. Nous nous contentons d'être devant Dieu et nous faisons silence. Nous tenons notre cœur vide en sa présence, pour nous laisser combler par son ineffable amour, qui est indicible et qui ne s'exprime pas en paroles. Nous nous faisons silence devant Dieu et nous sommes en attente. Nous ne savons si Dieu viendra et s'il nous saisira. Nous savons dans la foi qu'il est là, même si nous n'en faisons pas l'expérience. Persévérer et attendre, supporter aussi l'absence d'expérience dans notre prière, abandonner la rive ferme des pensées et des images, se laisser projeter dans l'amour de Dieu, s'ouvrir à la présence de

Dieu, sans avoir la certitude d'en ressentir quelque chose : voilà en quoi consiste le silence pour les moines. C'est un silence d'expérience et d'absence d'expérience tout à la fois, un silence comblé par le sens de la proximité de Dieu et un silence vide de toutes pensées et de tous sentiments humains, un silence au-delà de l'expérience, un silence fait d'abandon de sa propre personne et de toute quête d'expérience : il se laisse en toute confiance tomber dans les bras de Dieu.

Table des matières

Dépôt légal : novembre 2015
IMPRIMÉ EN FRANCE

Achevé d'imprimer le 7 septembre 2018
sur les presses de l'imprimerie *La Source d'Or*
63039 Clermont-Ferrand
Imprimeur n° 20582

Dans le cadre de sa politique de développement durable,
La Source d'Or a été référencée IMPRIM'VERT®
par son organisme consulaire de tutelle.
Cet ouvrage est imprimé - pour l'intérieur -
sur papier bouffant "Munken Print Cream" 70 g main de 1,8
provenant de la gestion durable des forêts,
des papeteries Arctic Paper, dont les usines ont obtenu
les certifications environnementales ISO 14001 et E.M.A.S.